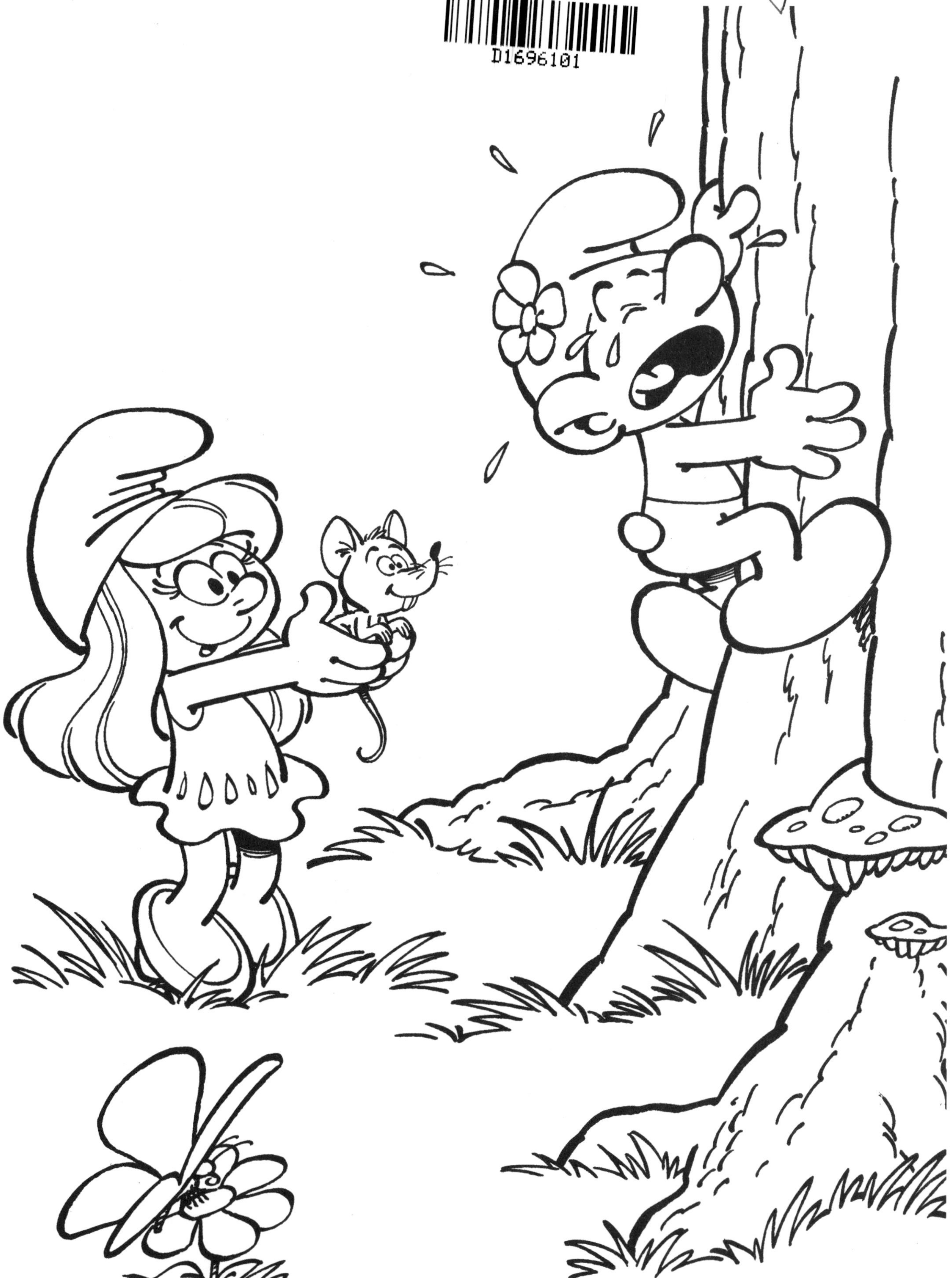

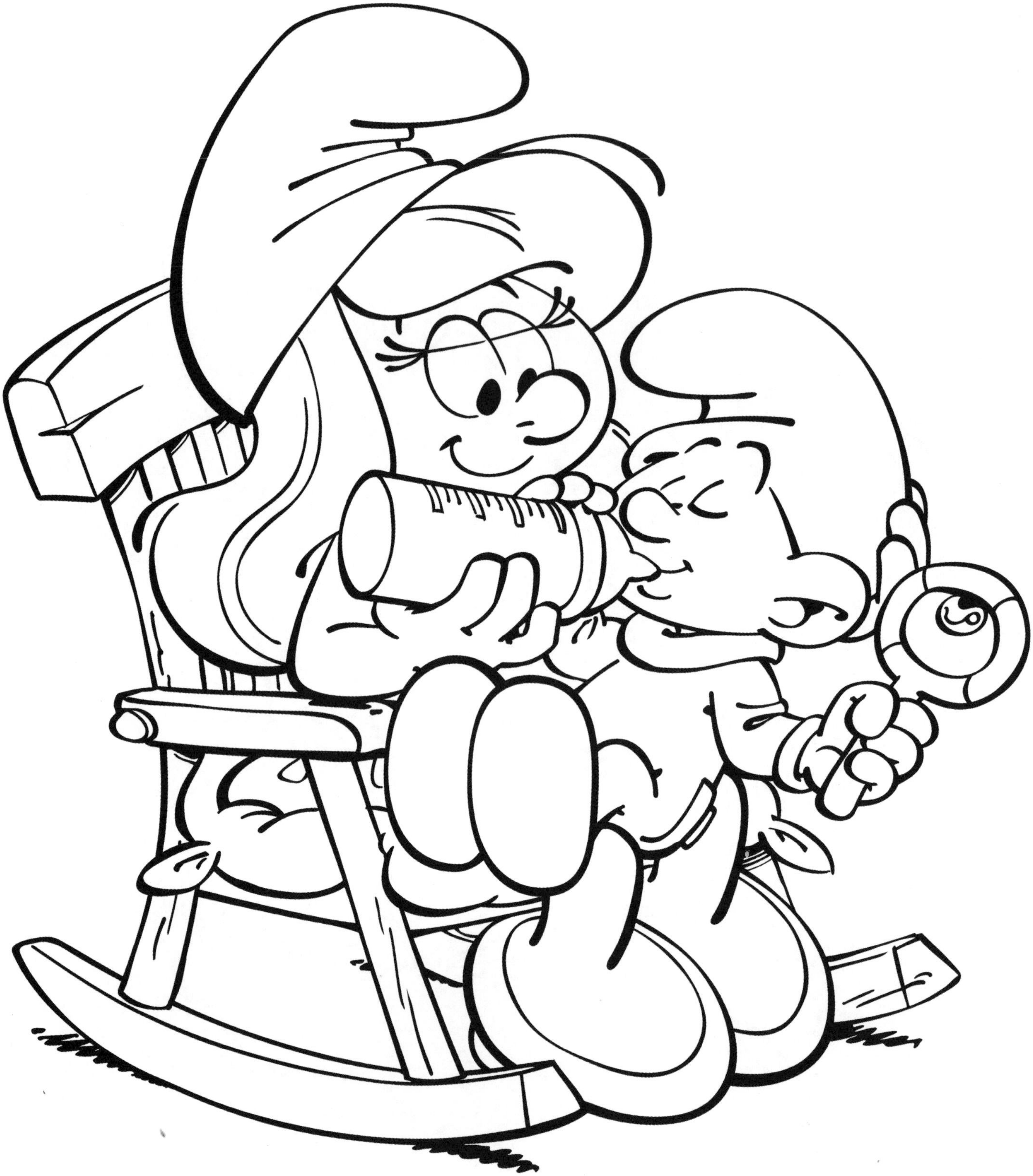

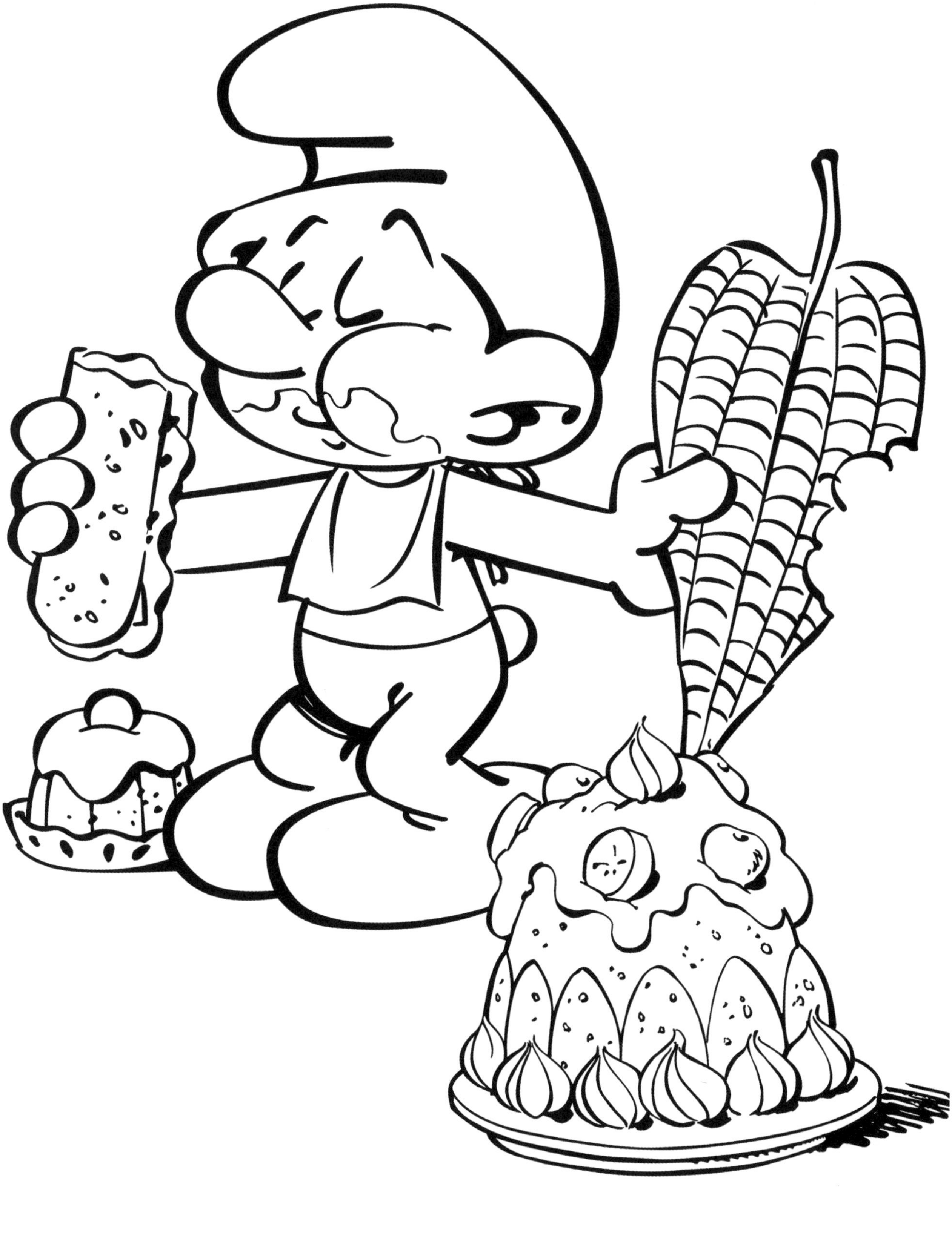

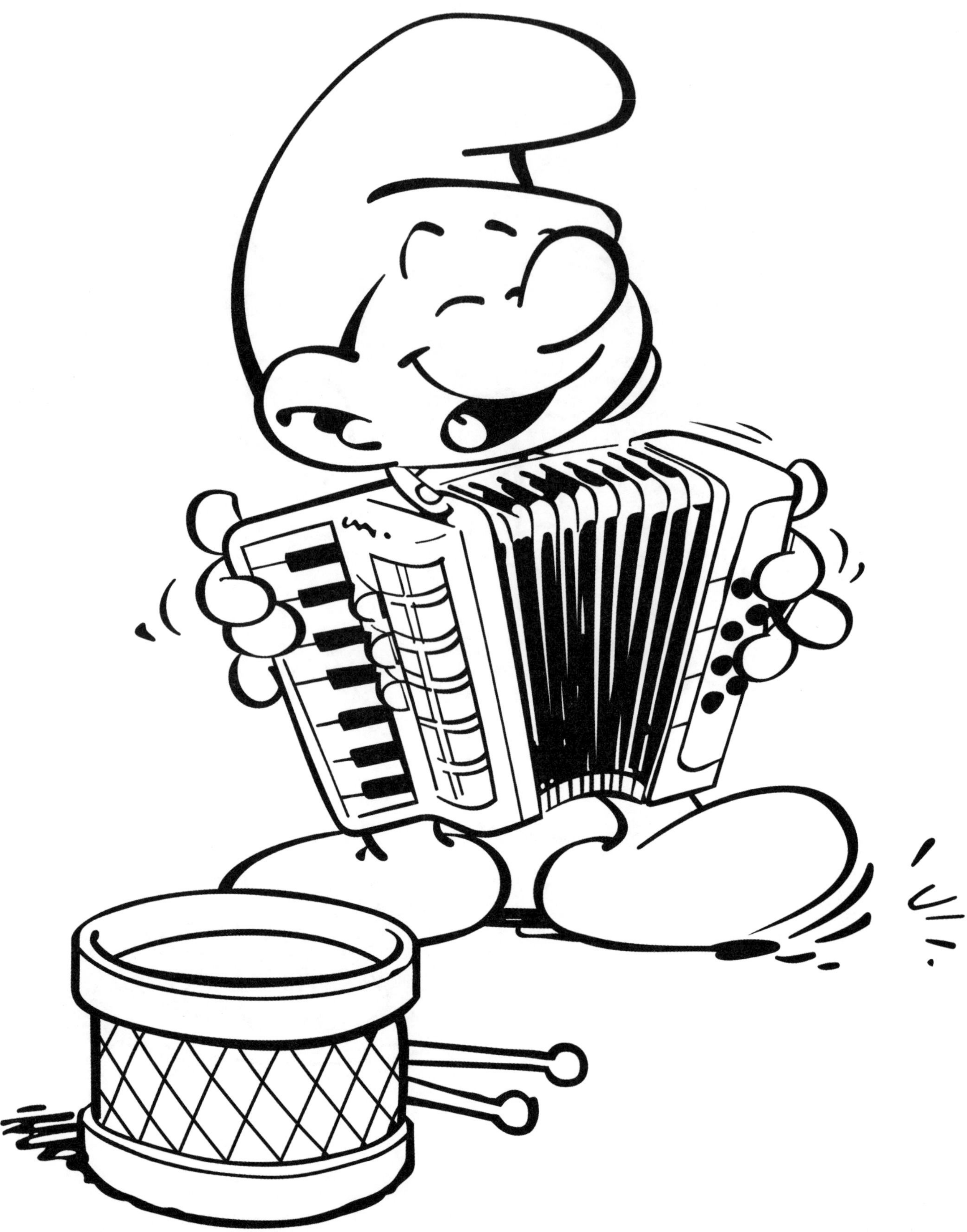

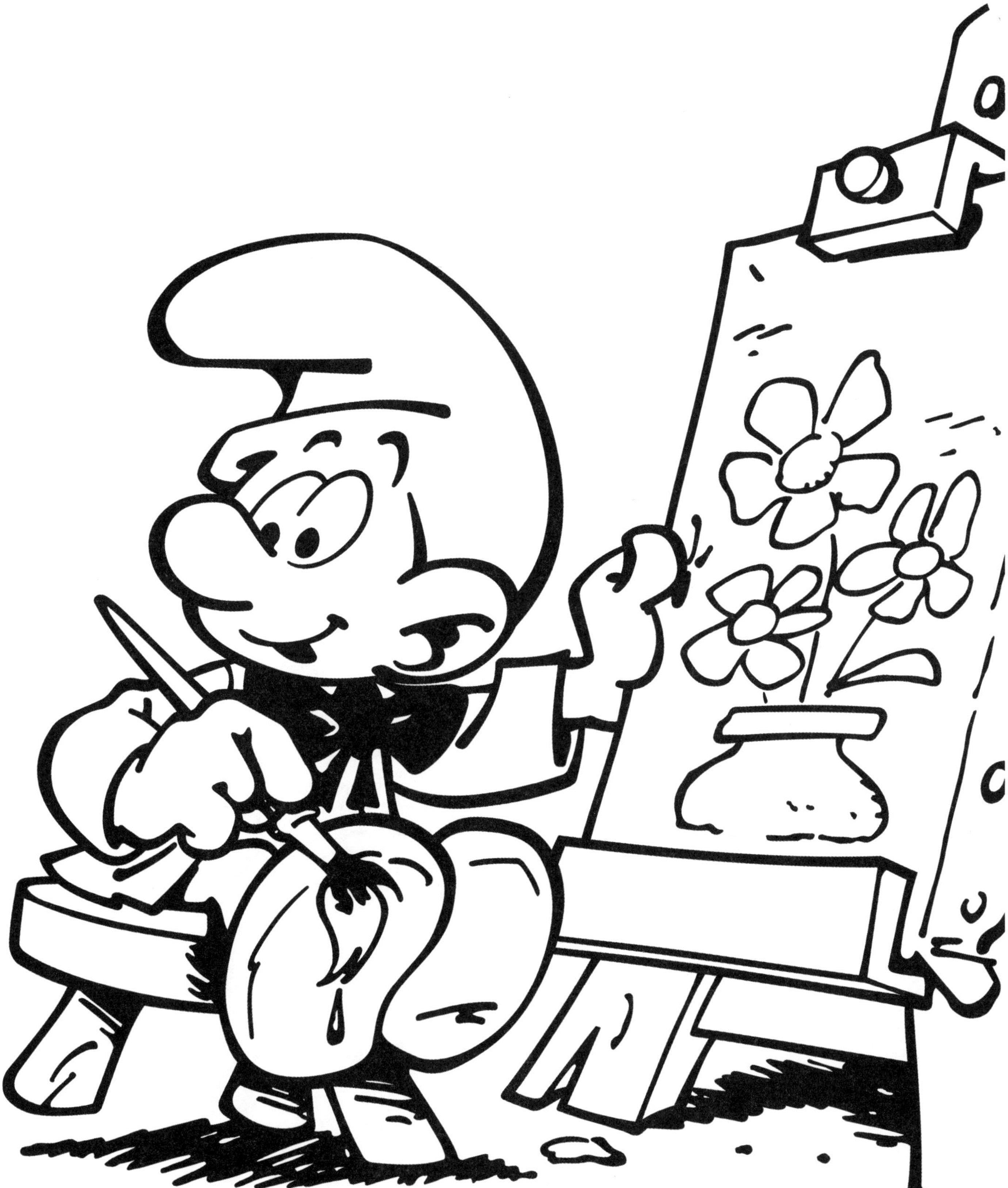

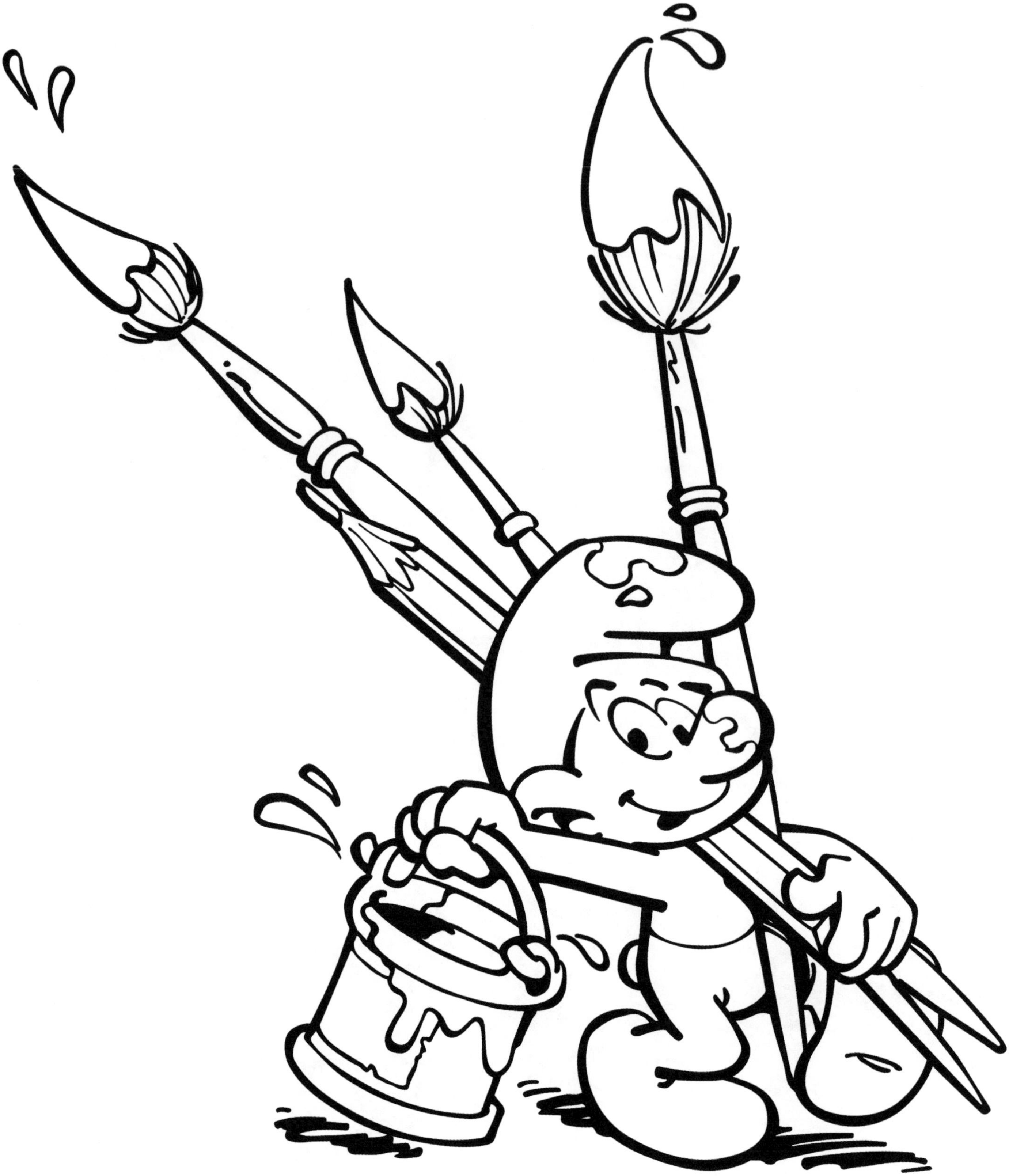

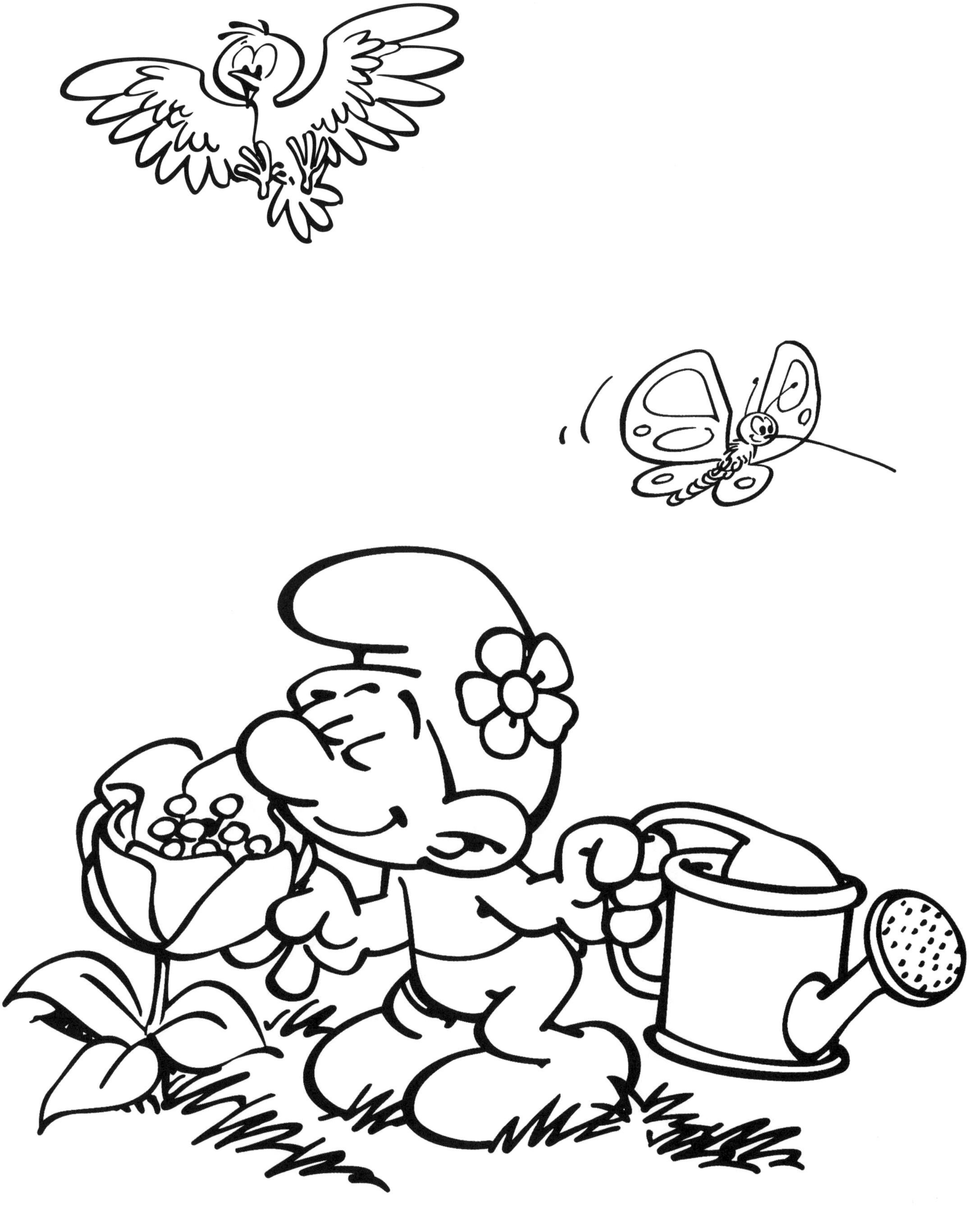

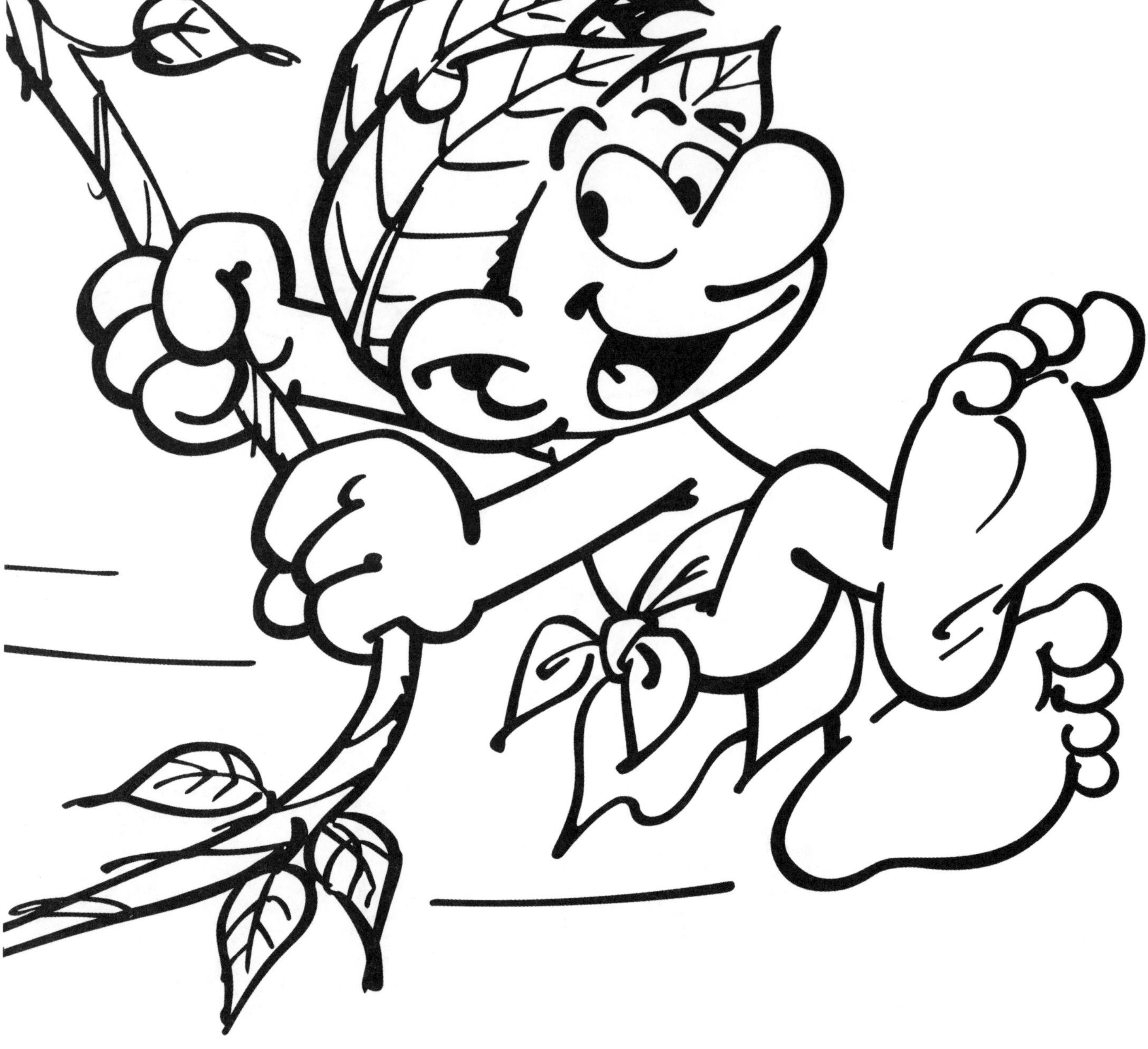

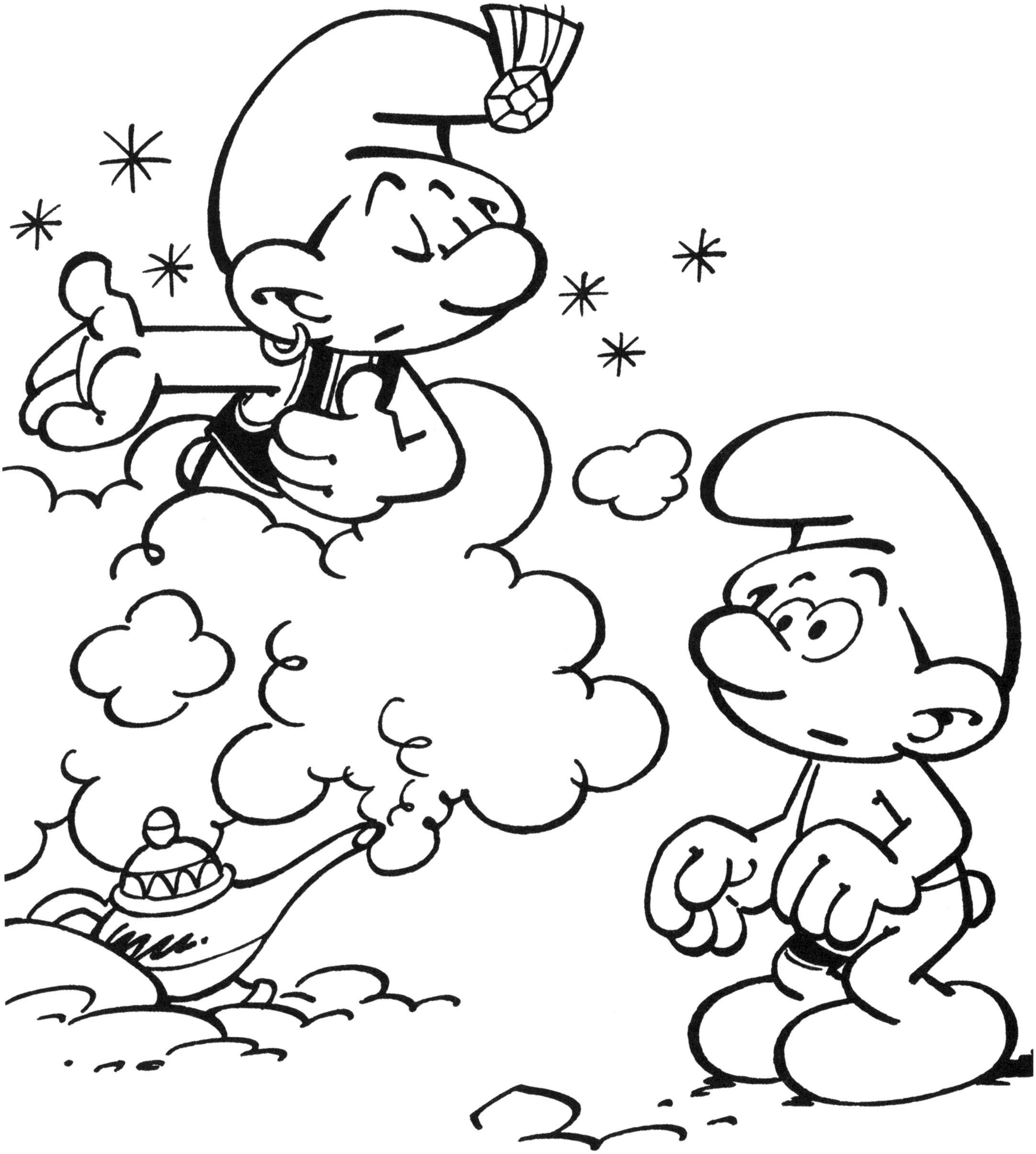

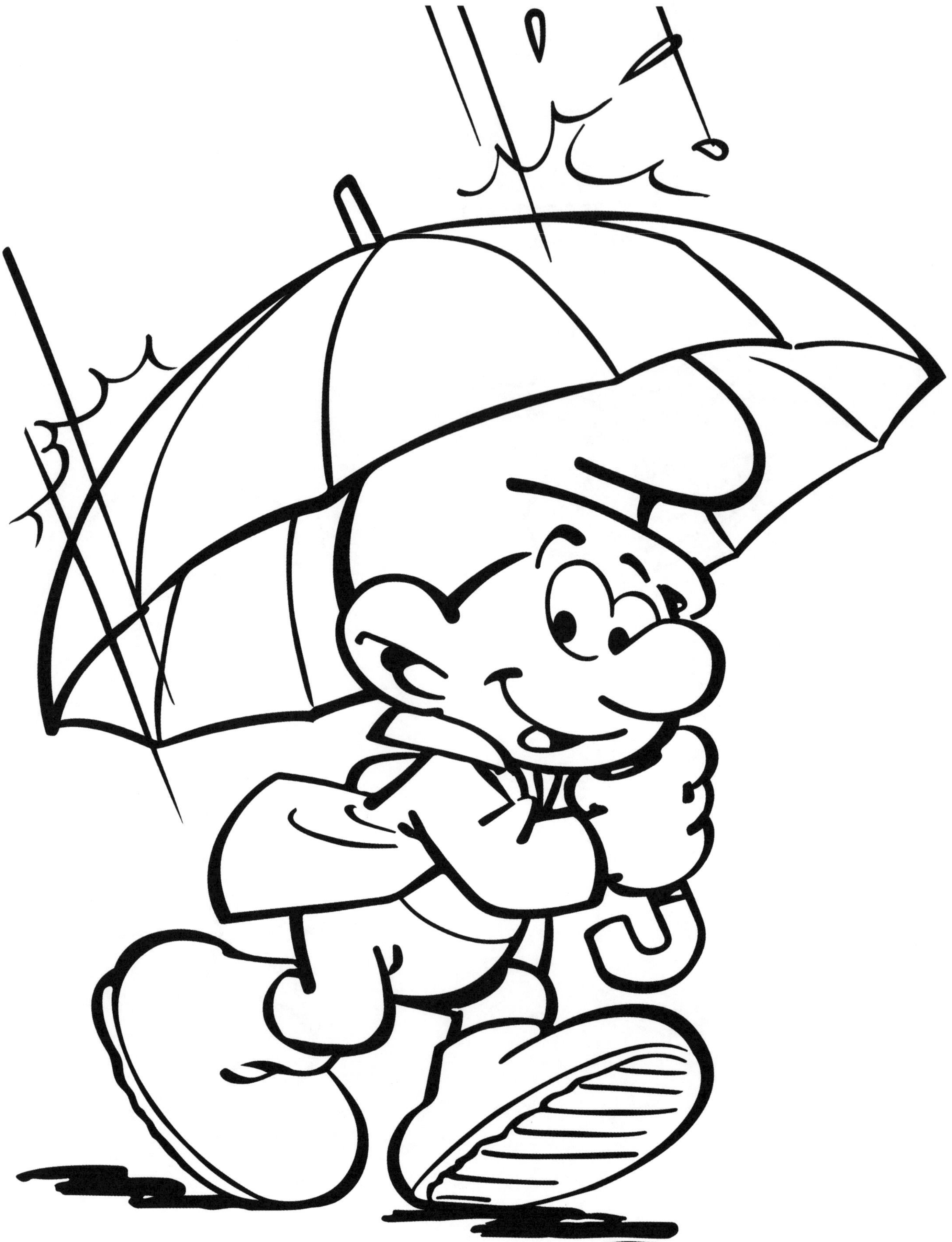

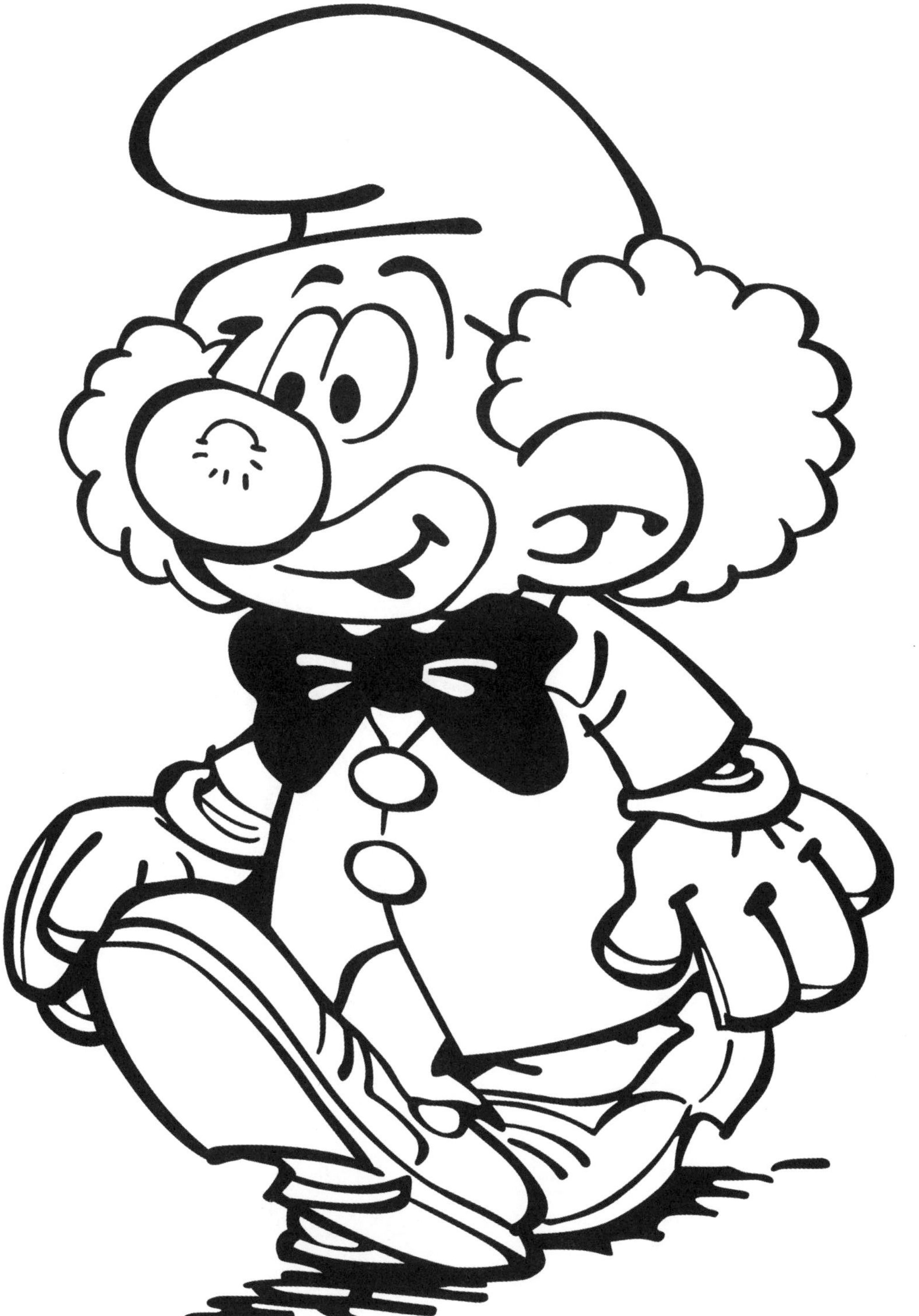

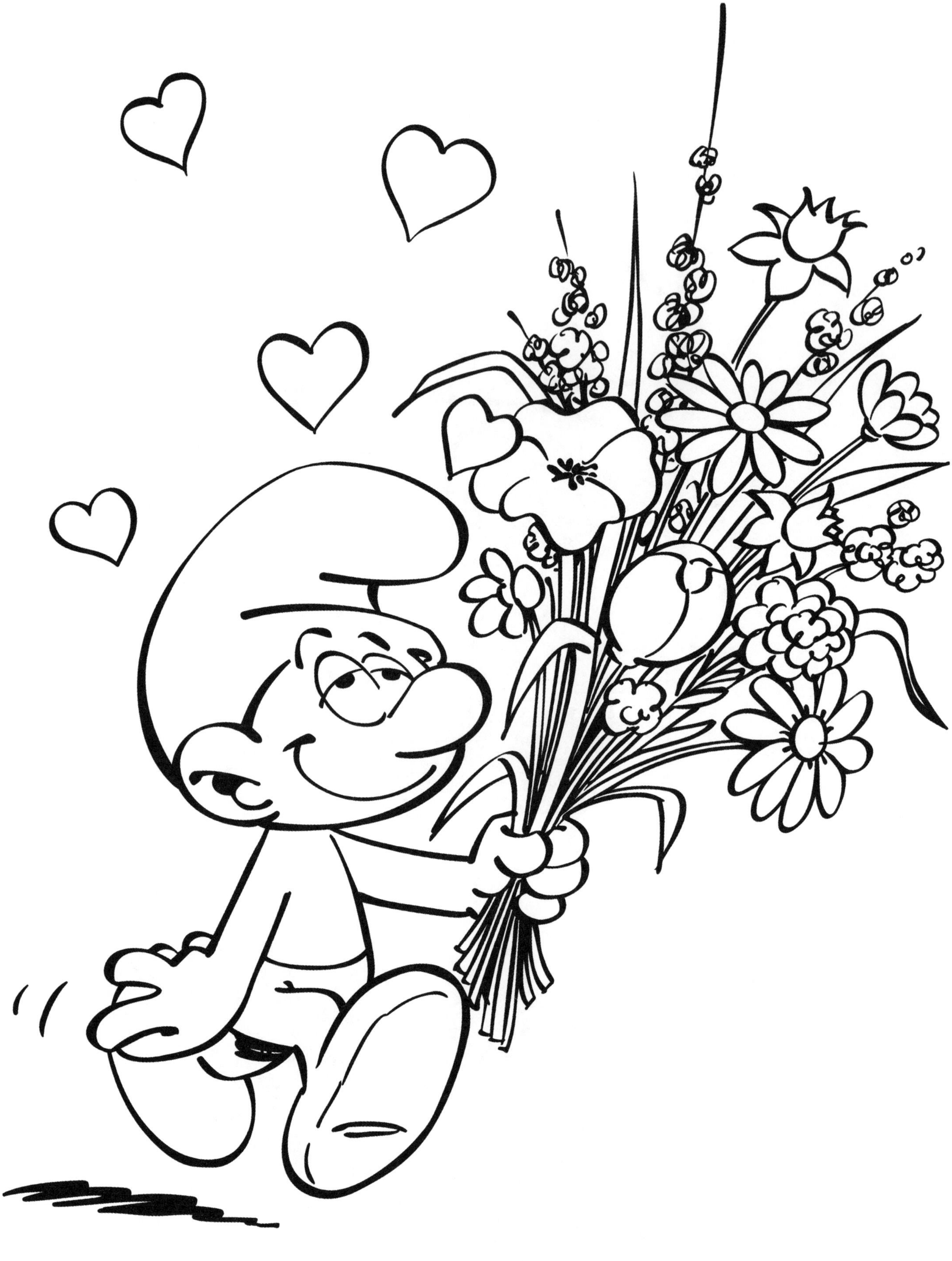

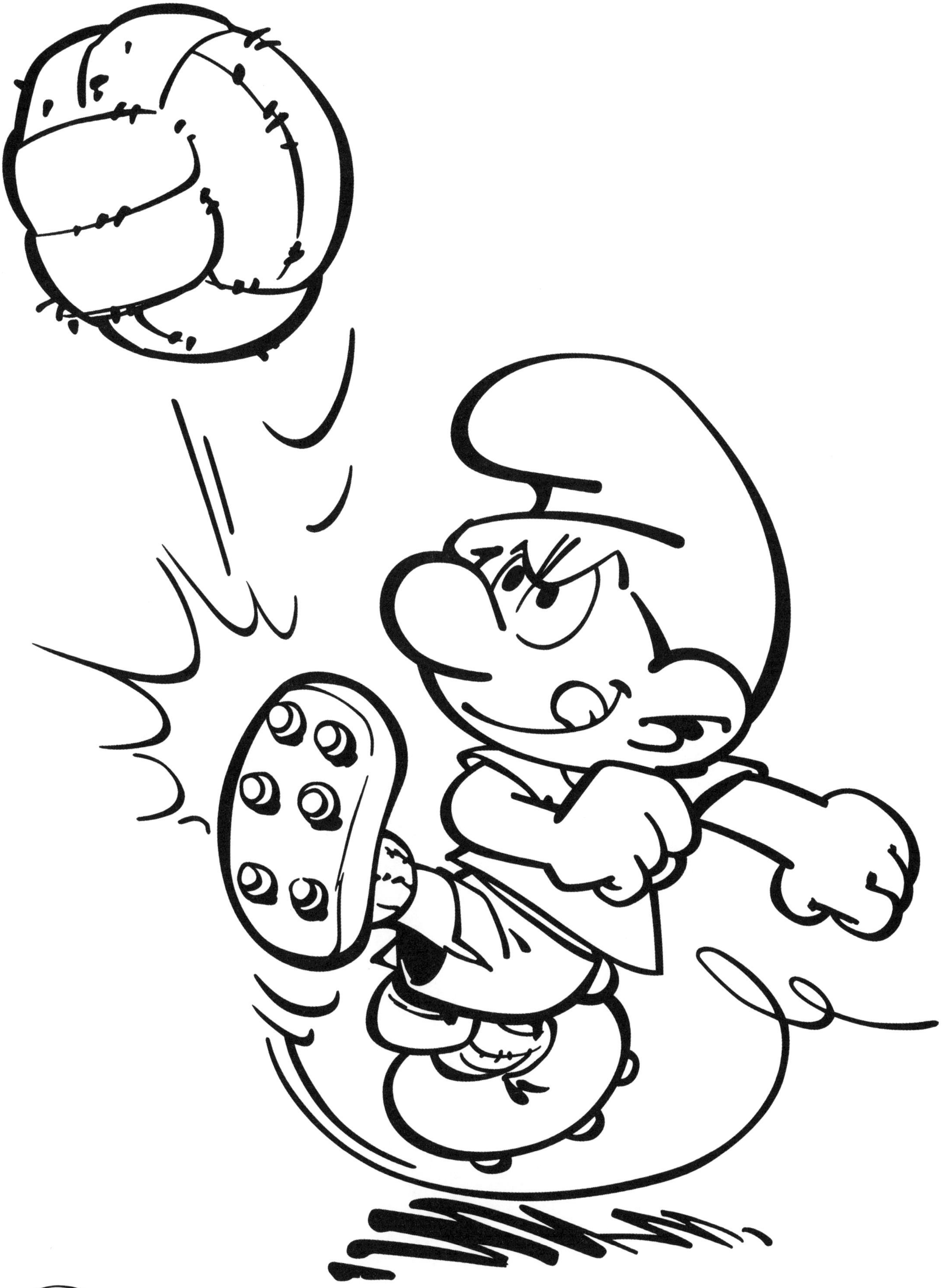

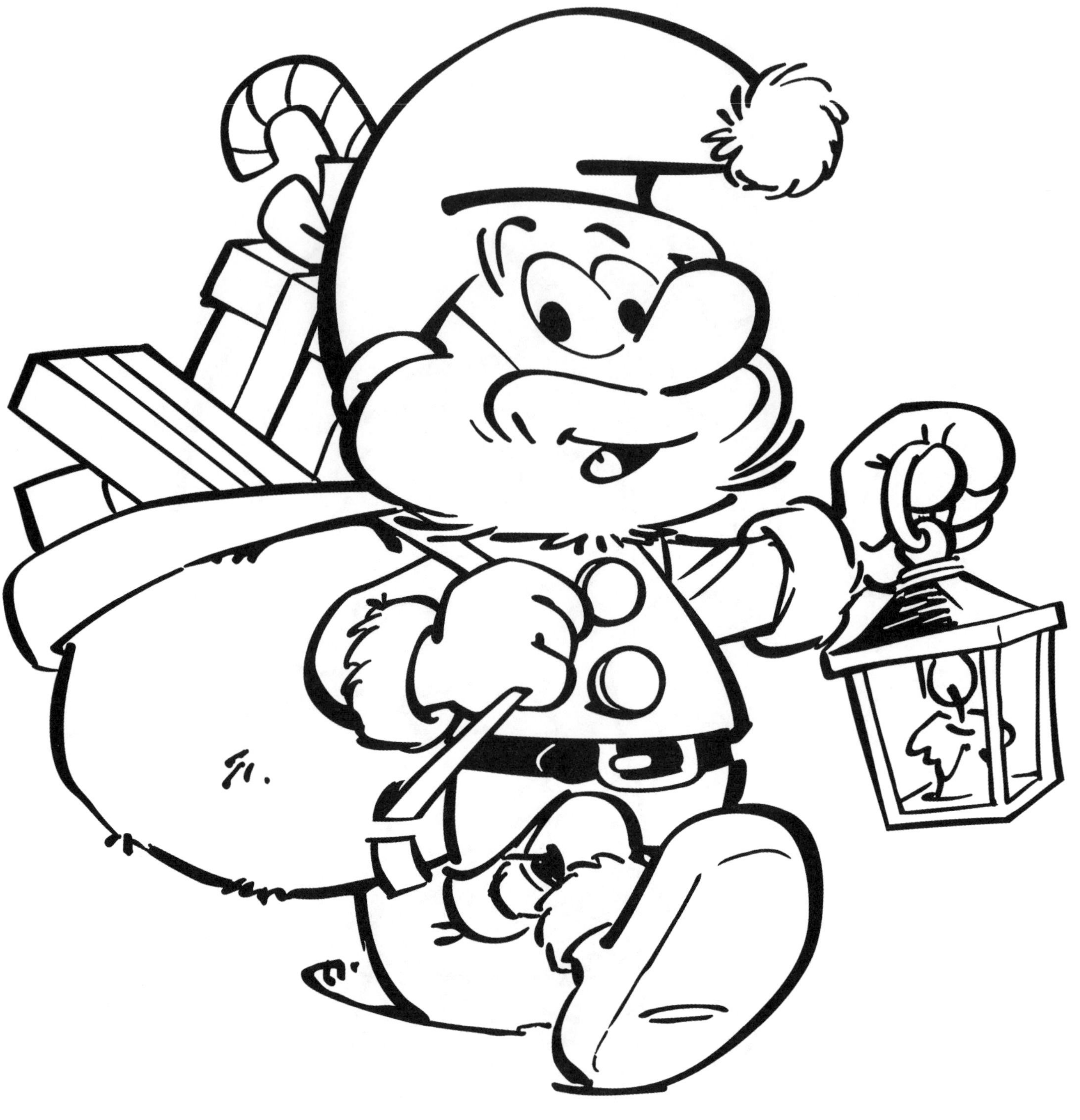

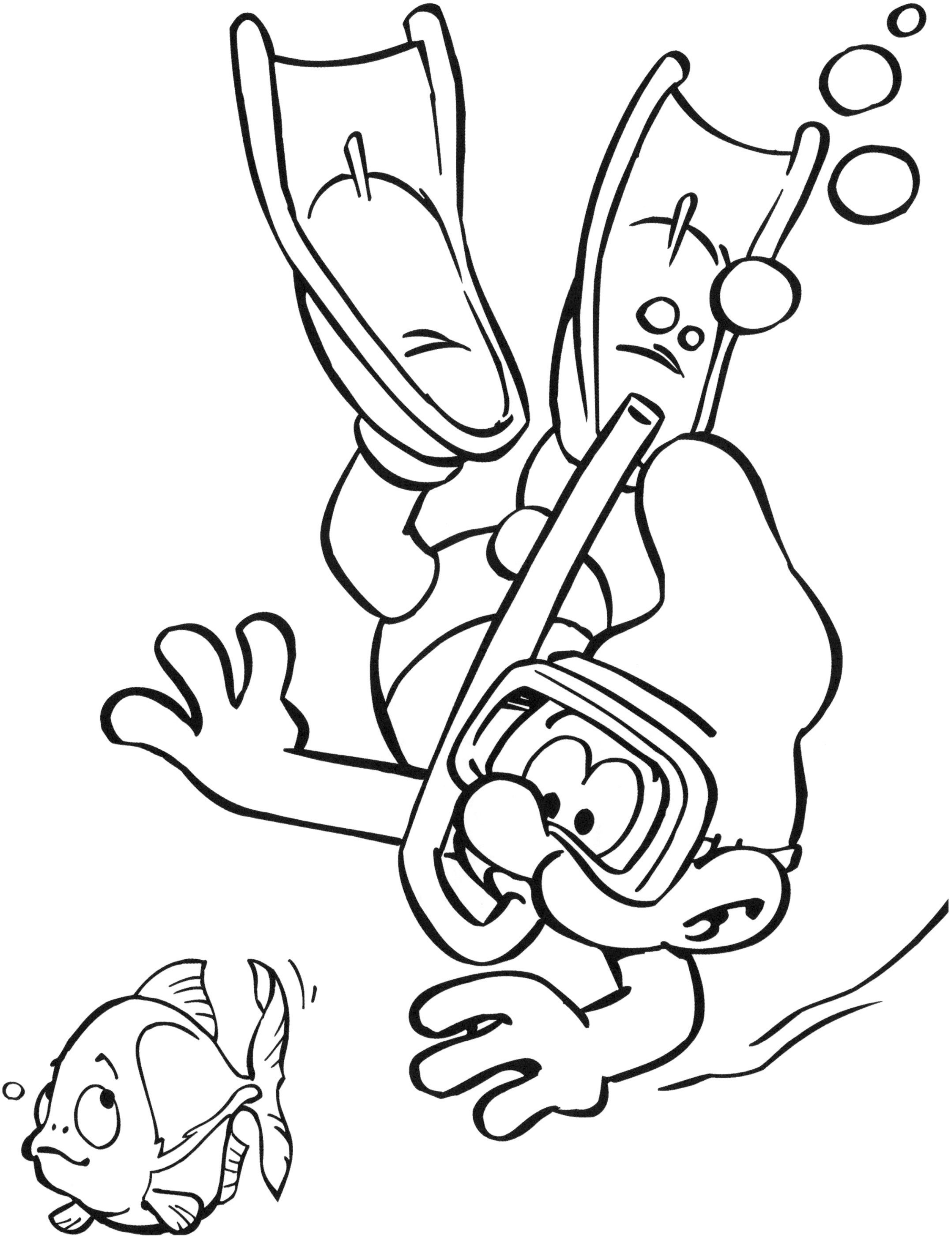

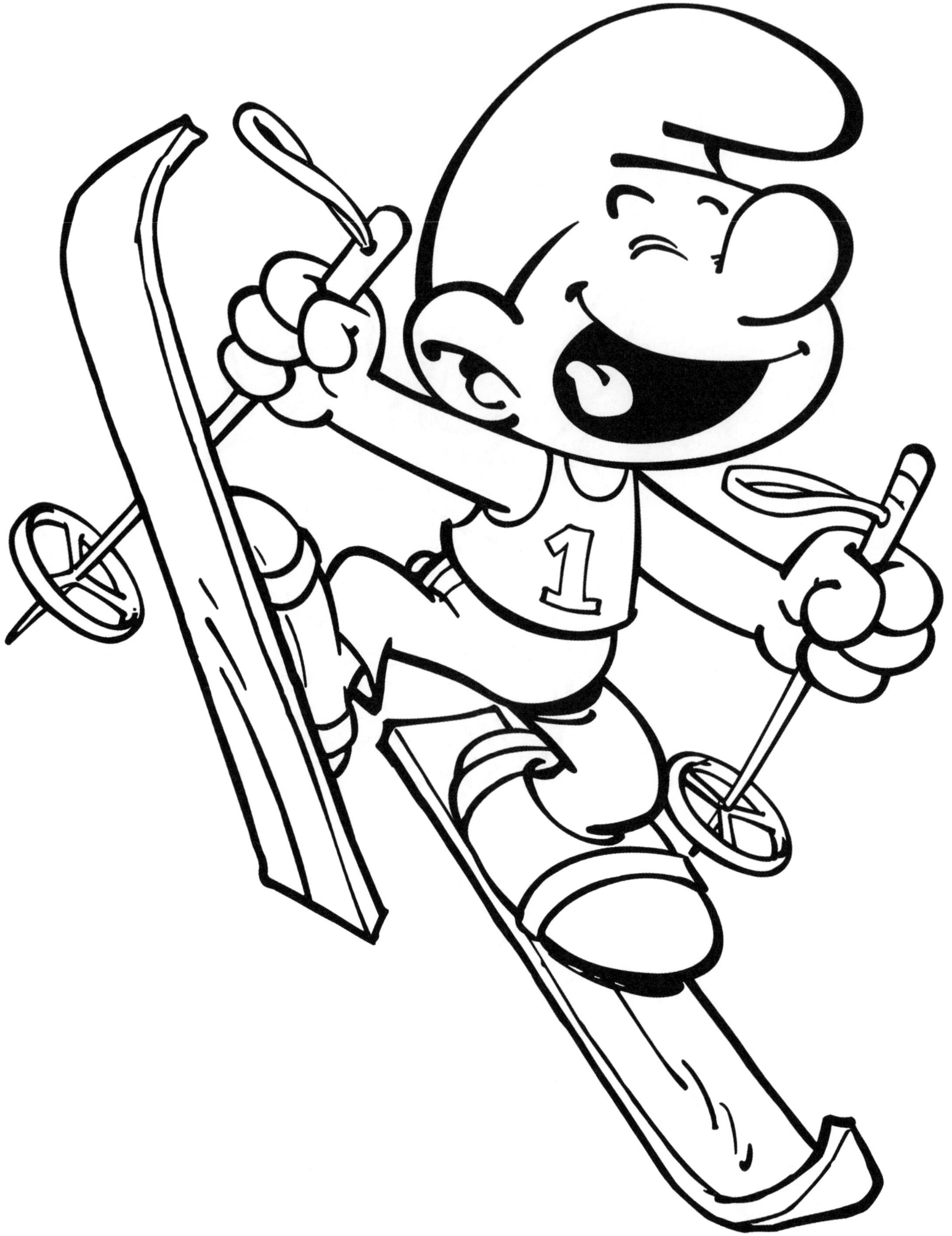

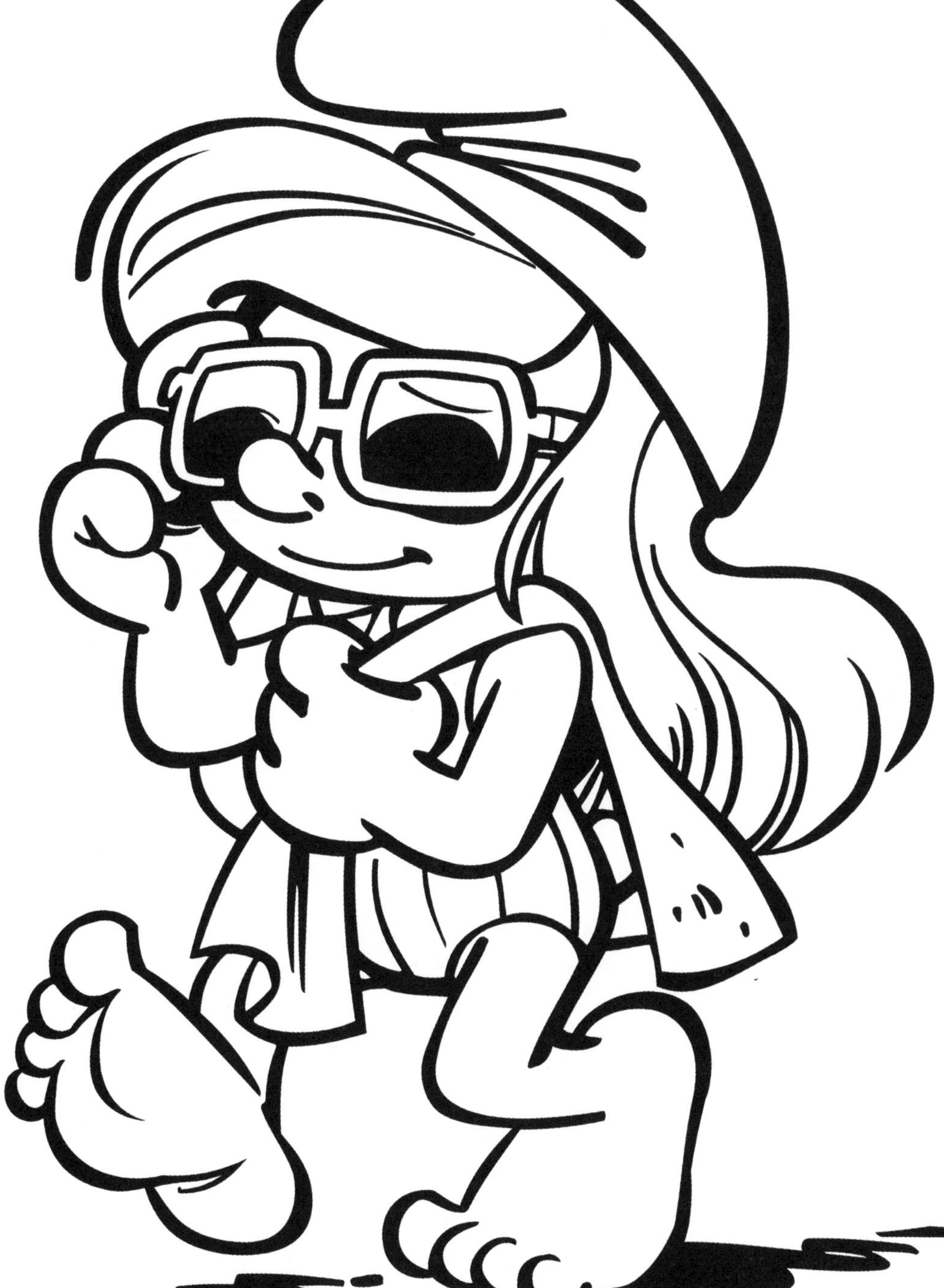

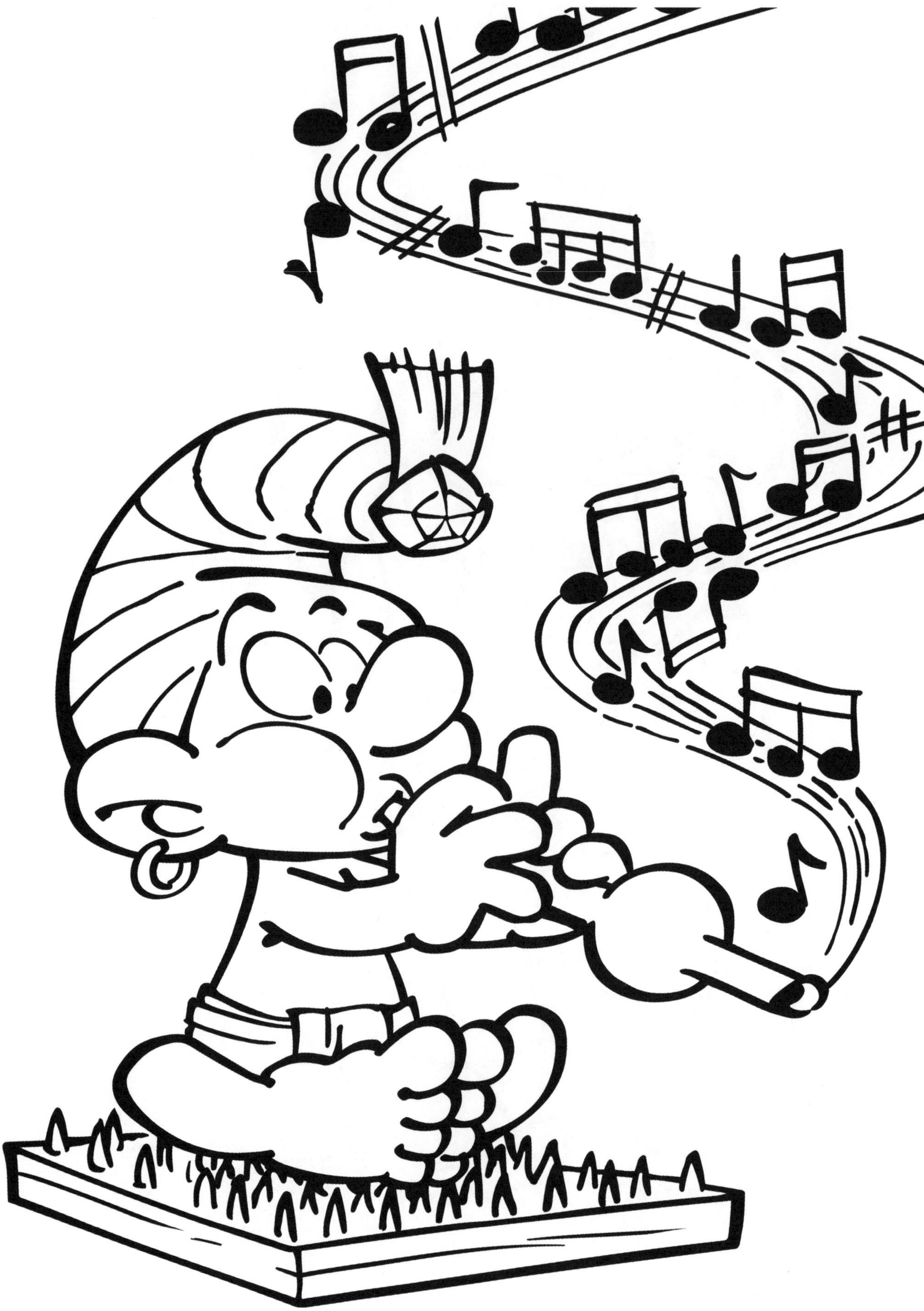

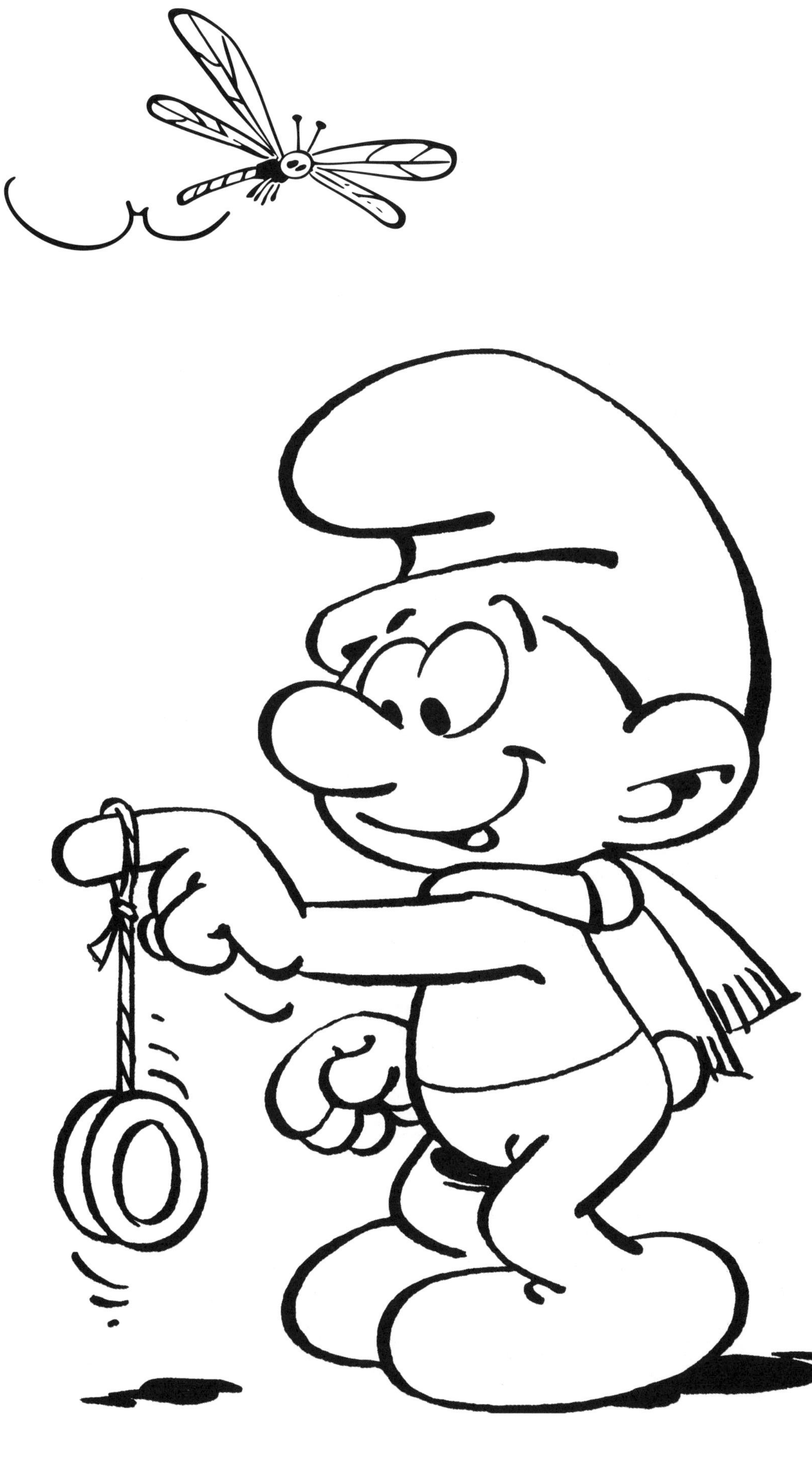

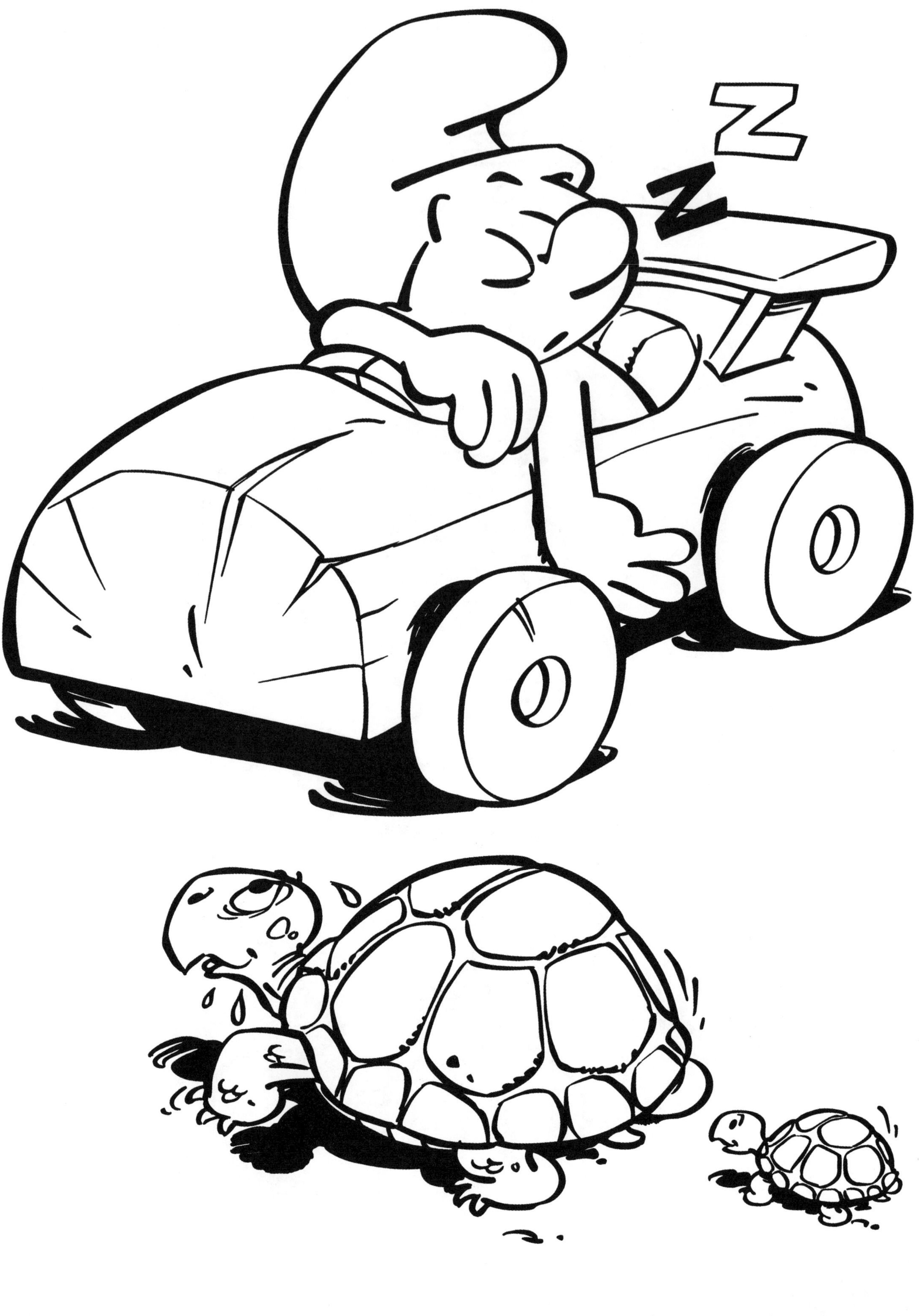
Z
Z

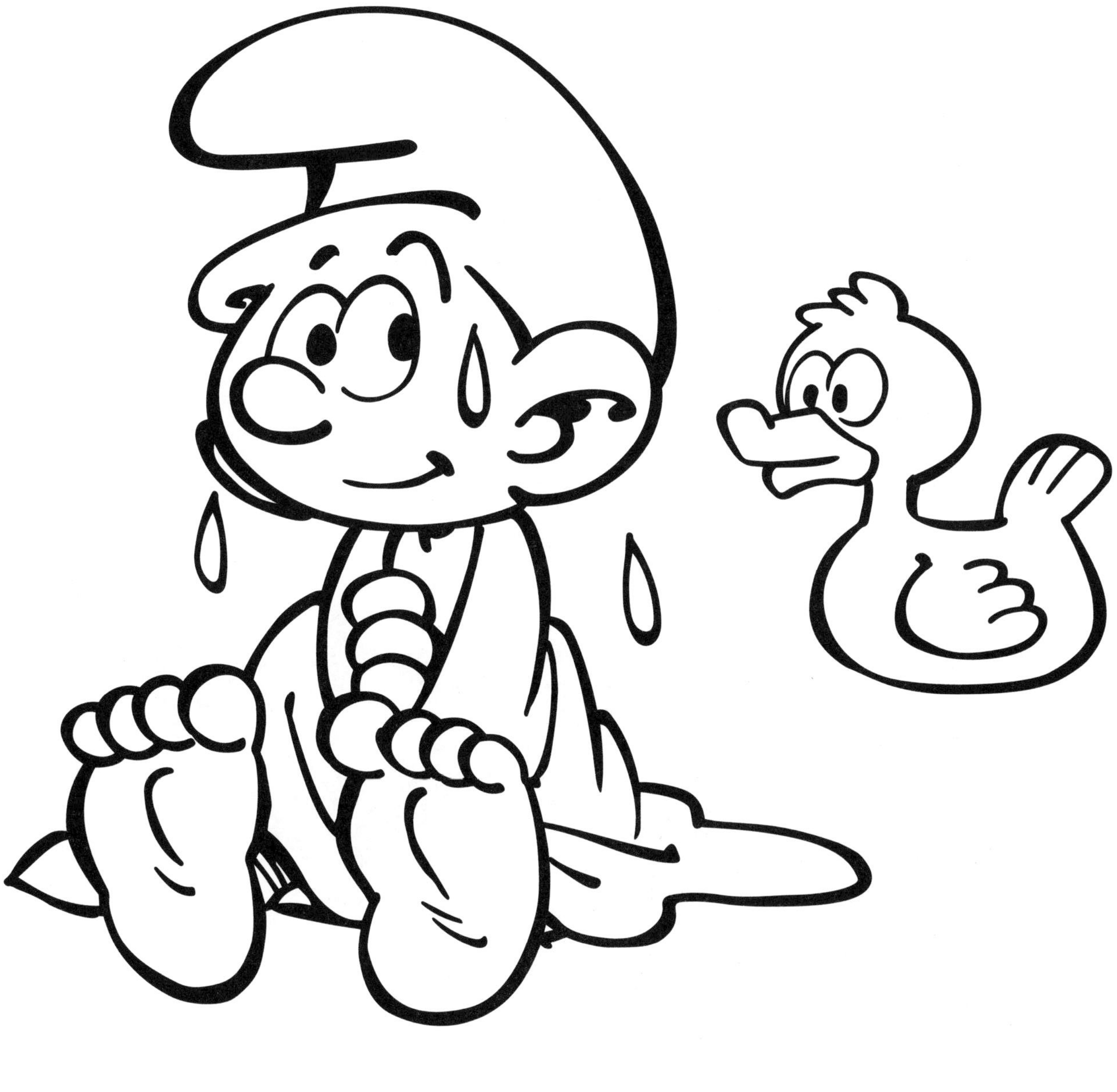

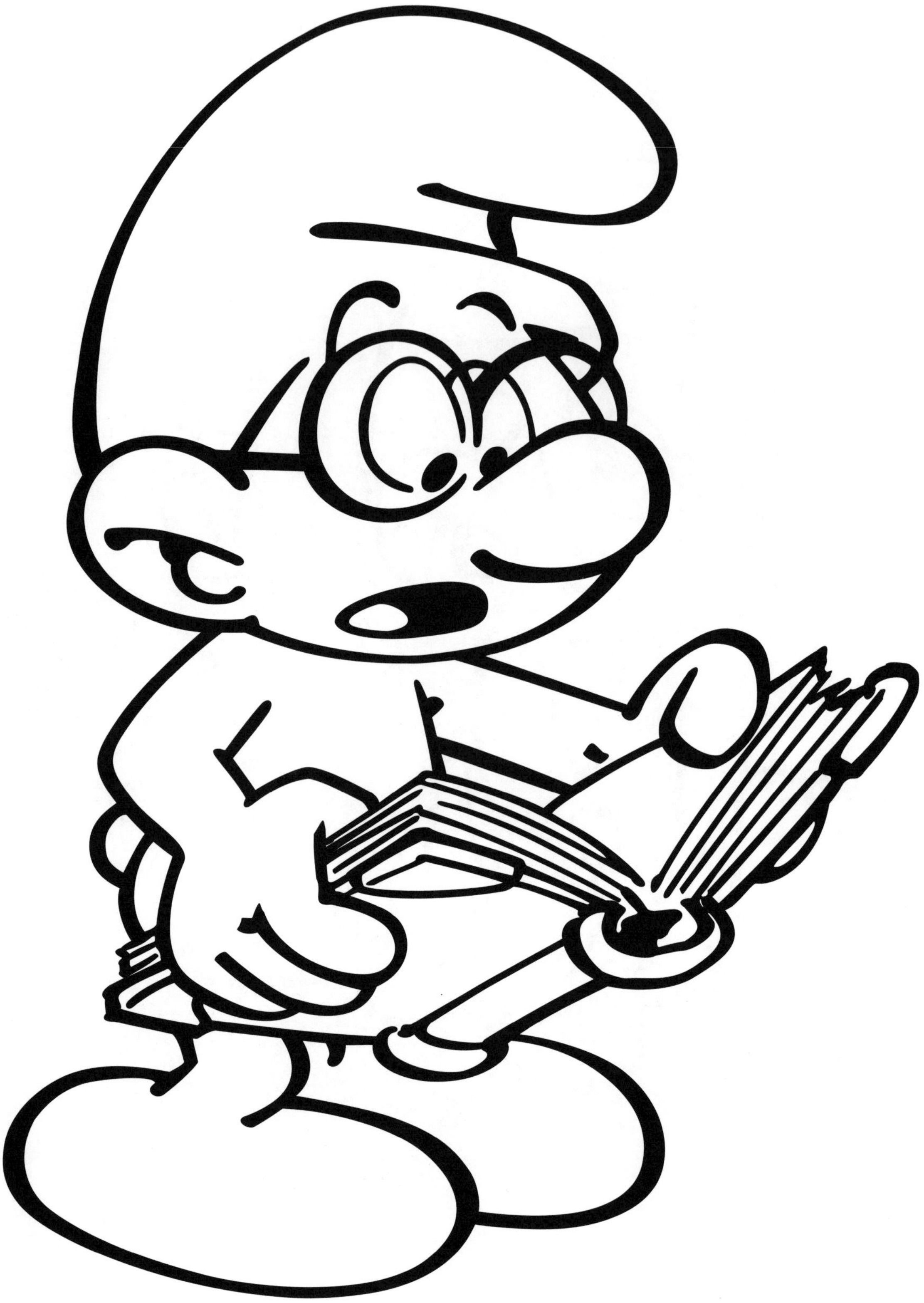

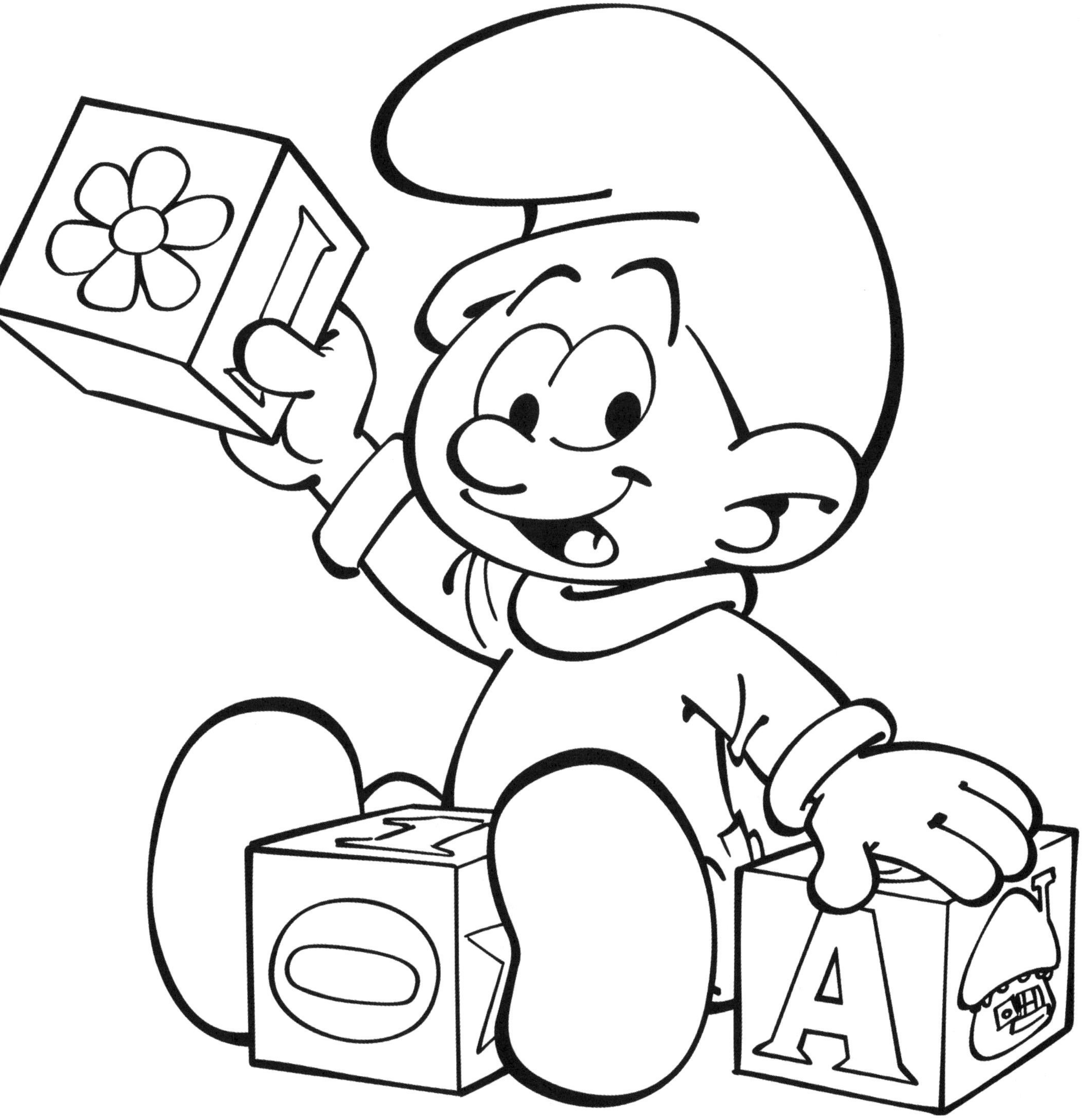
A

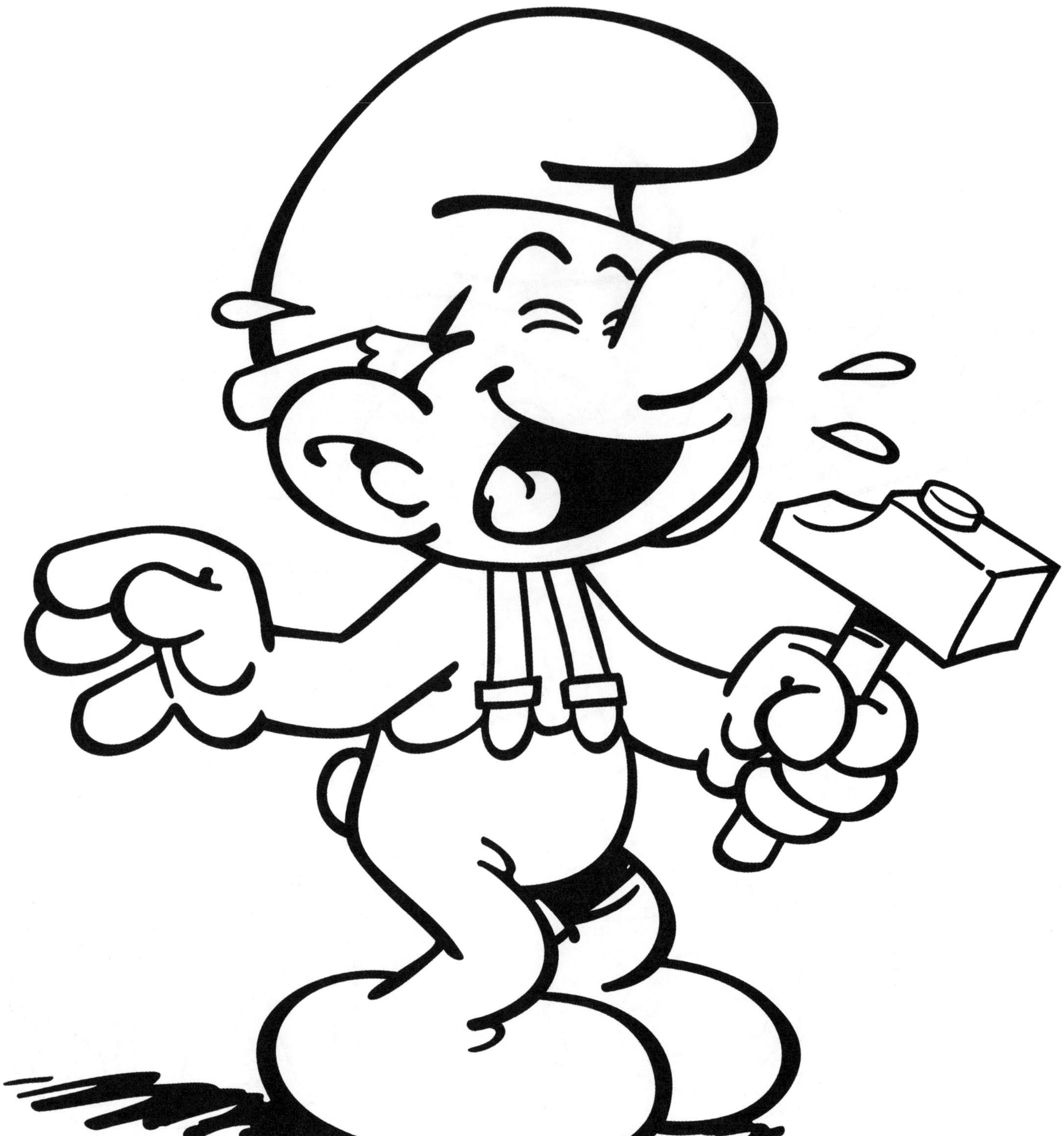

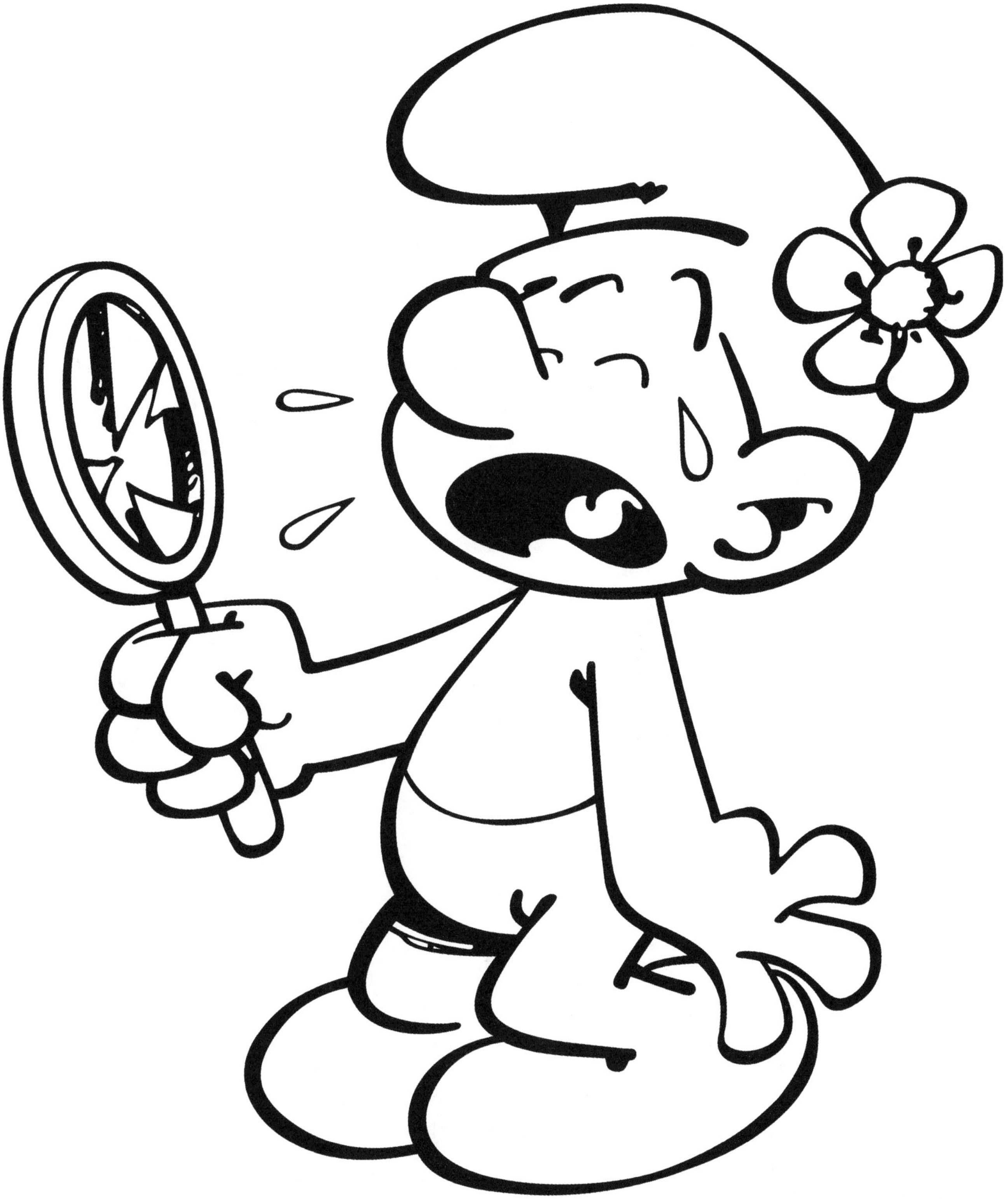

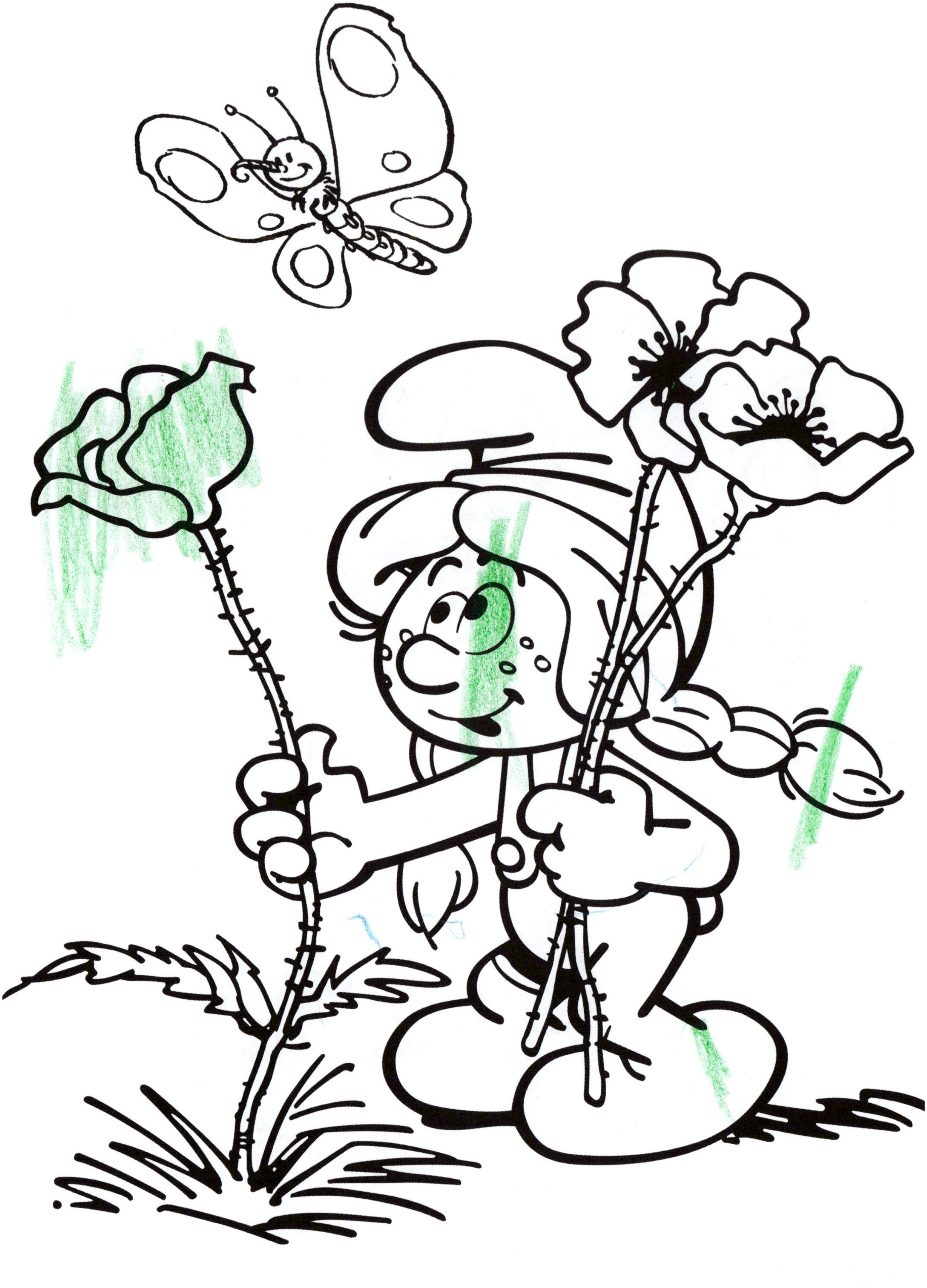

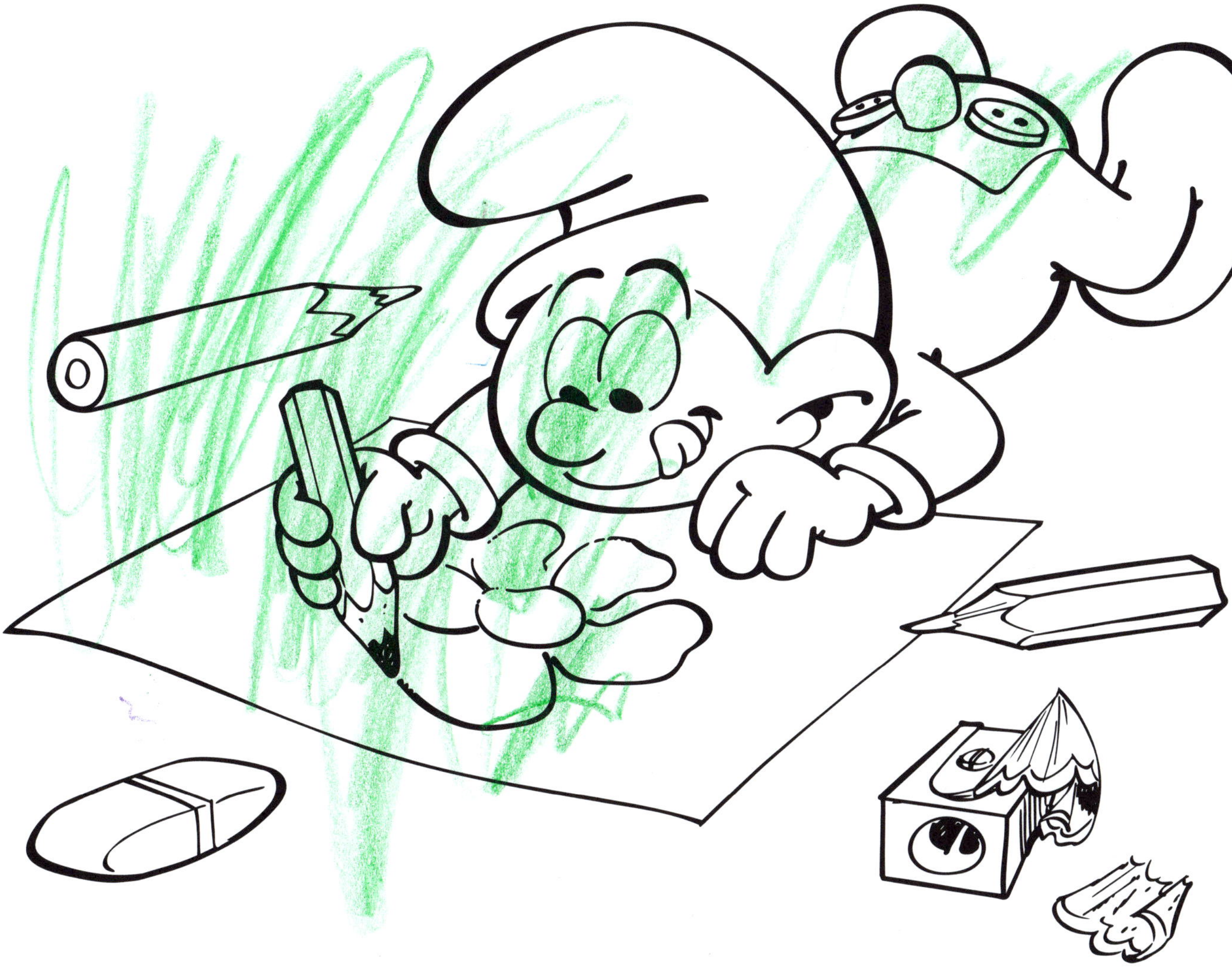

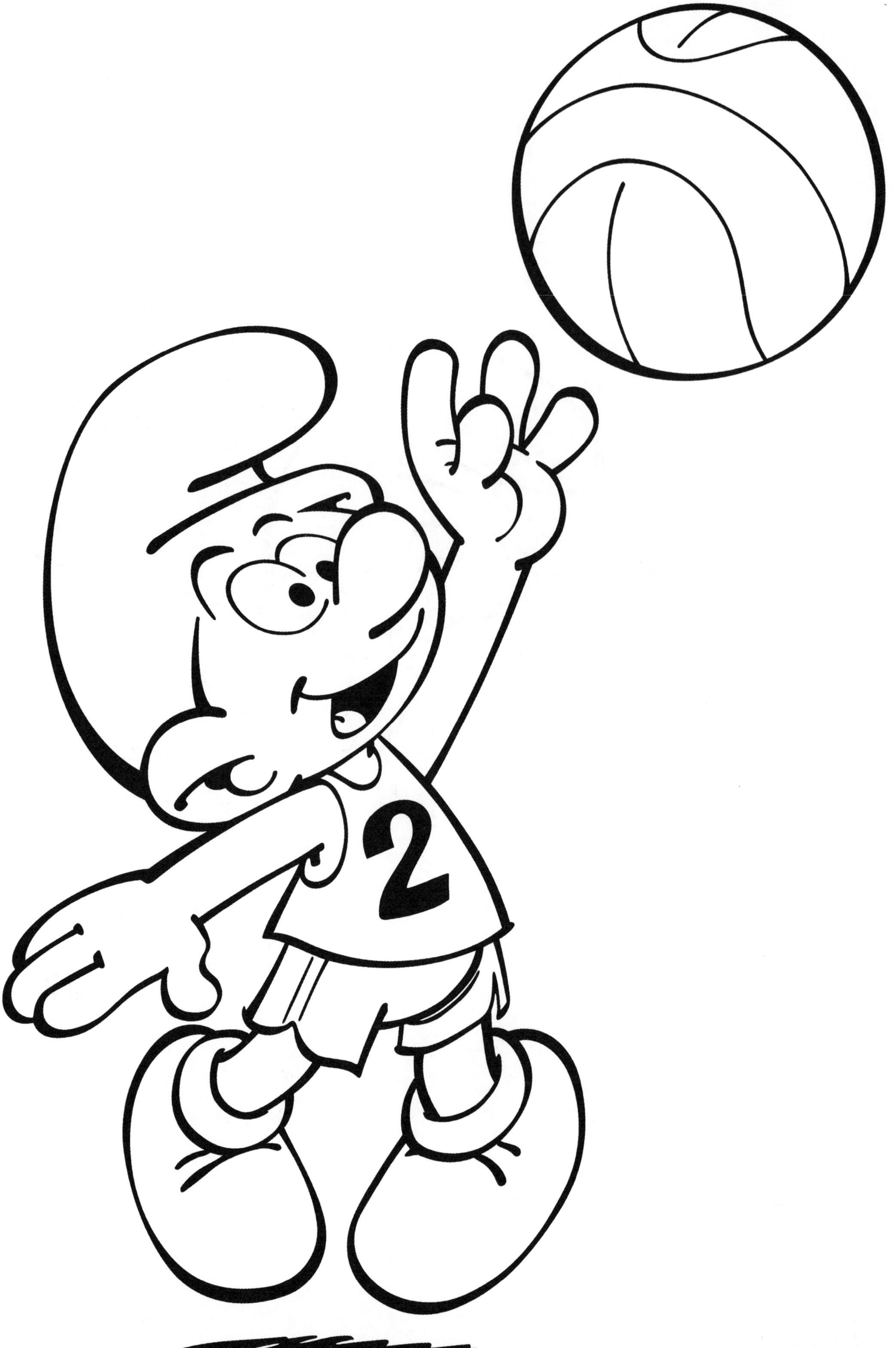
2

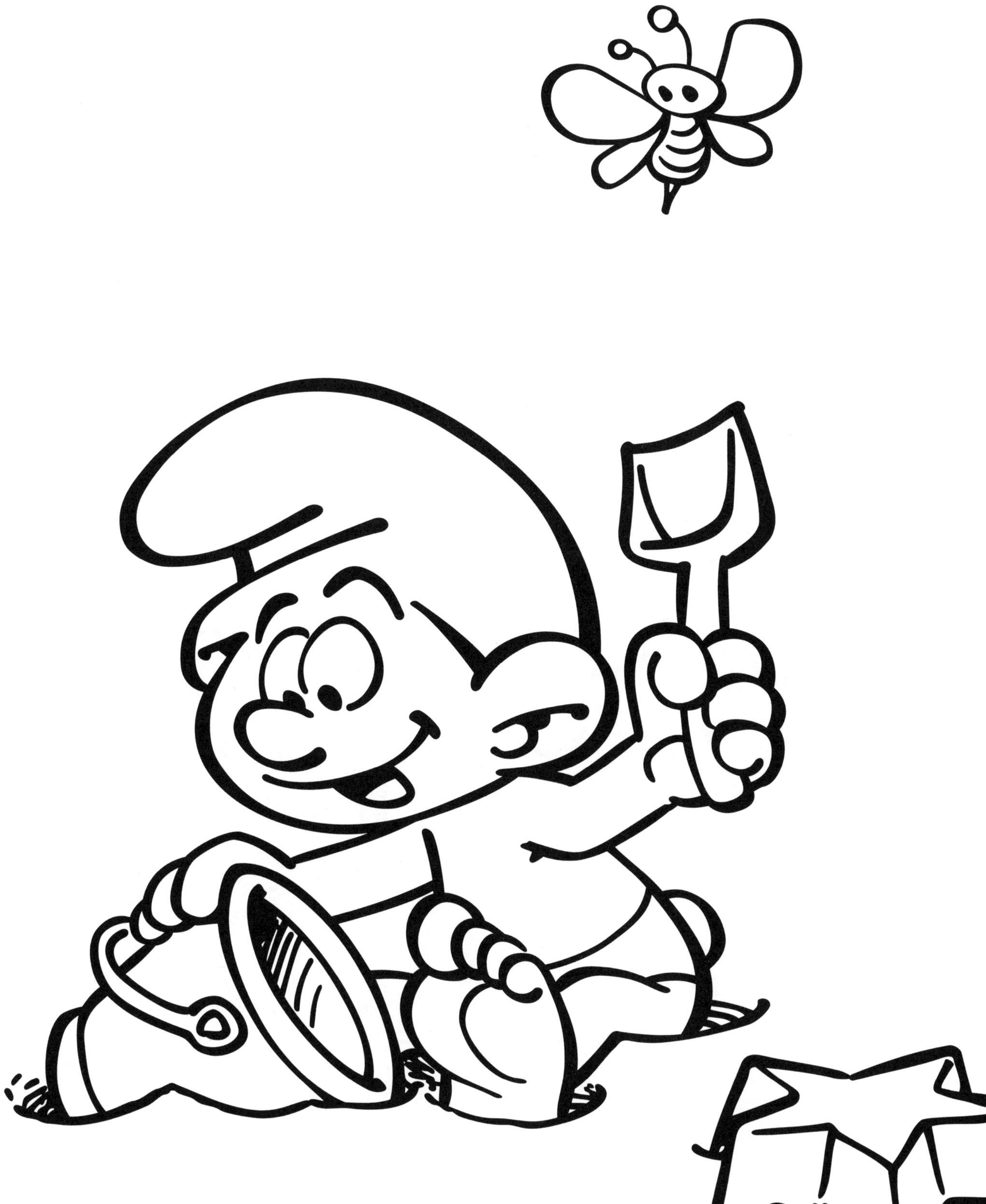

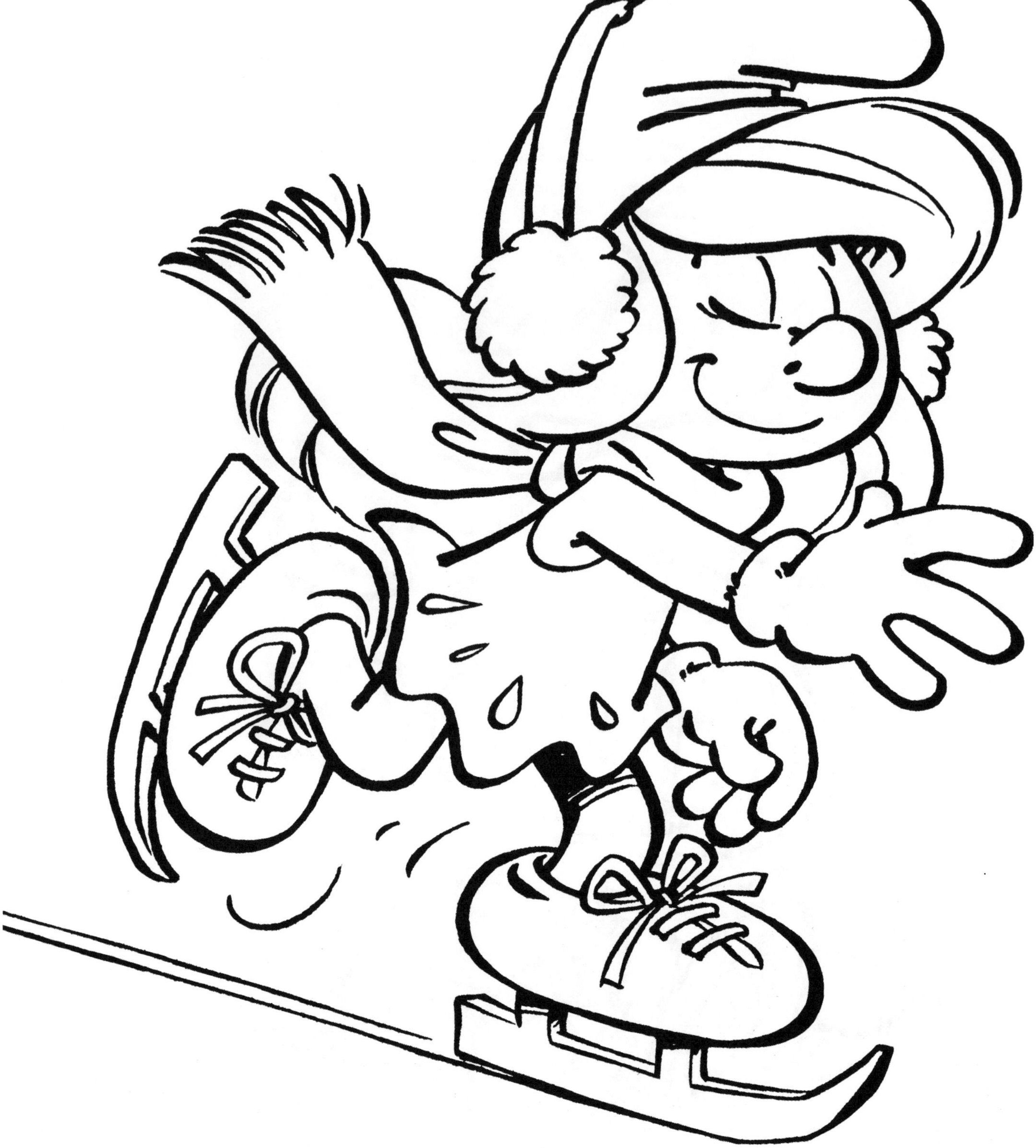

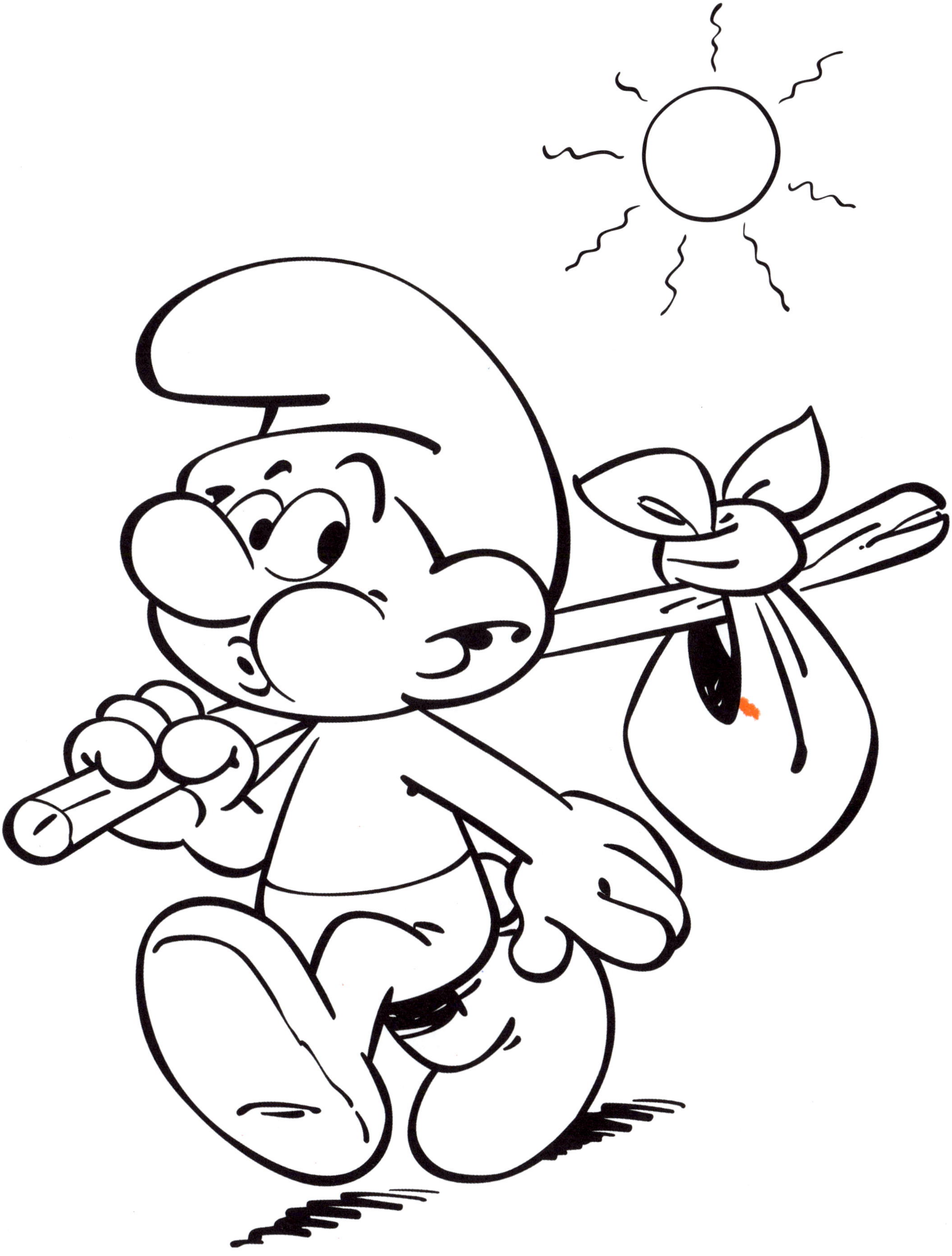

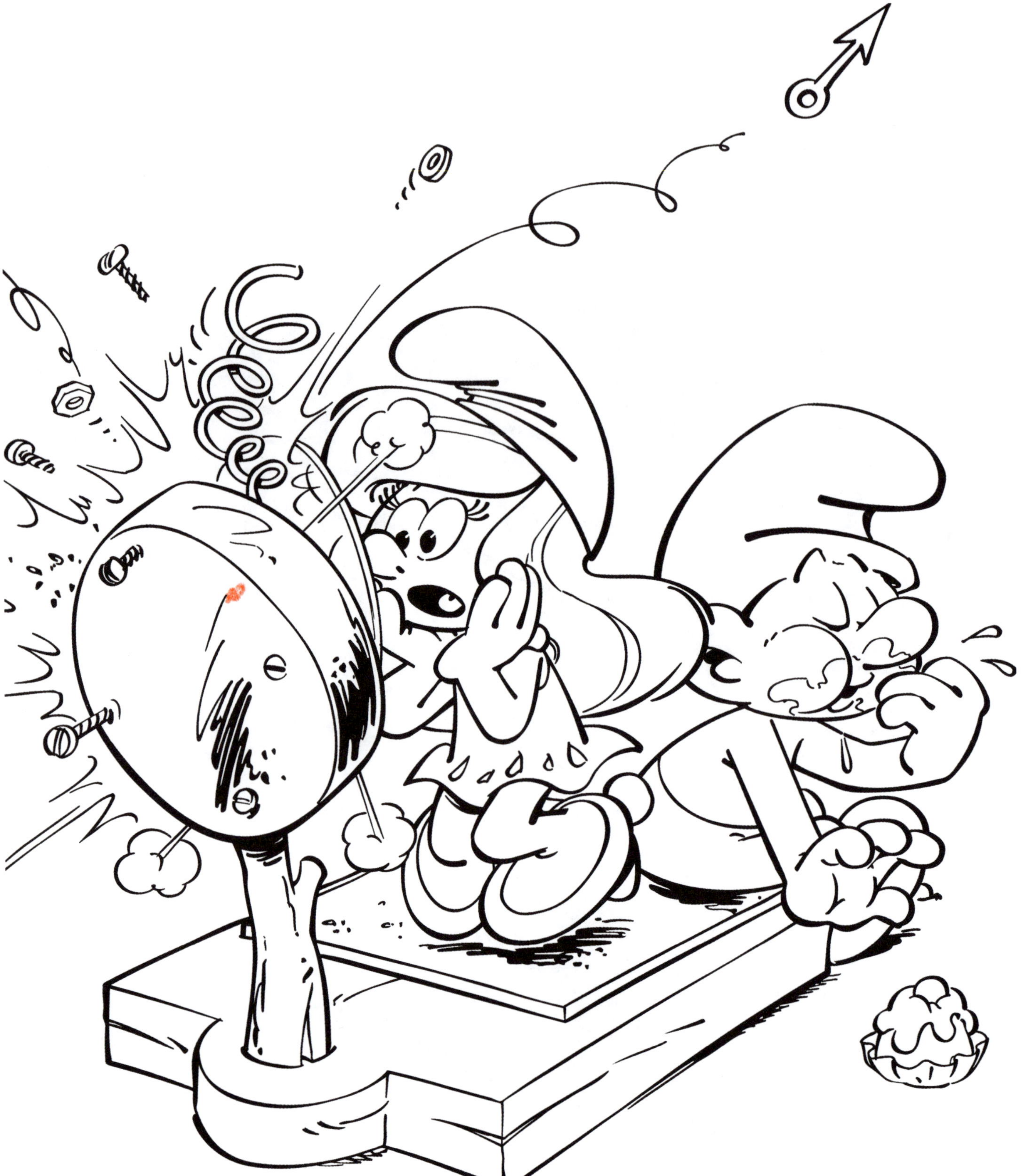

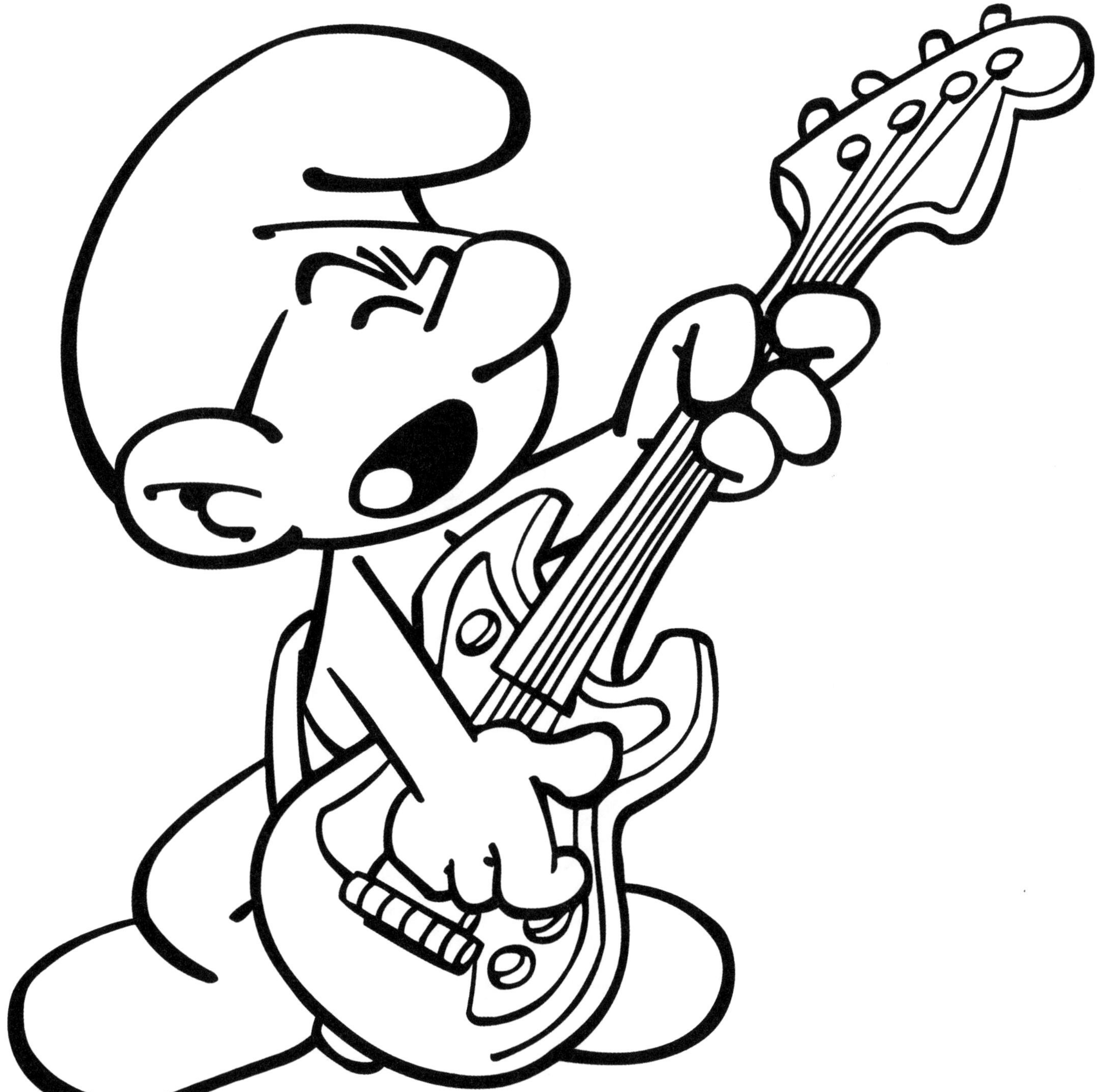

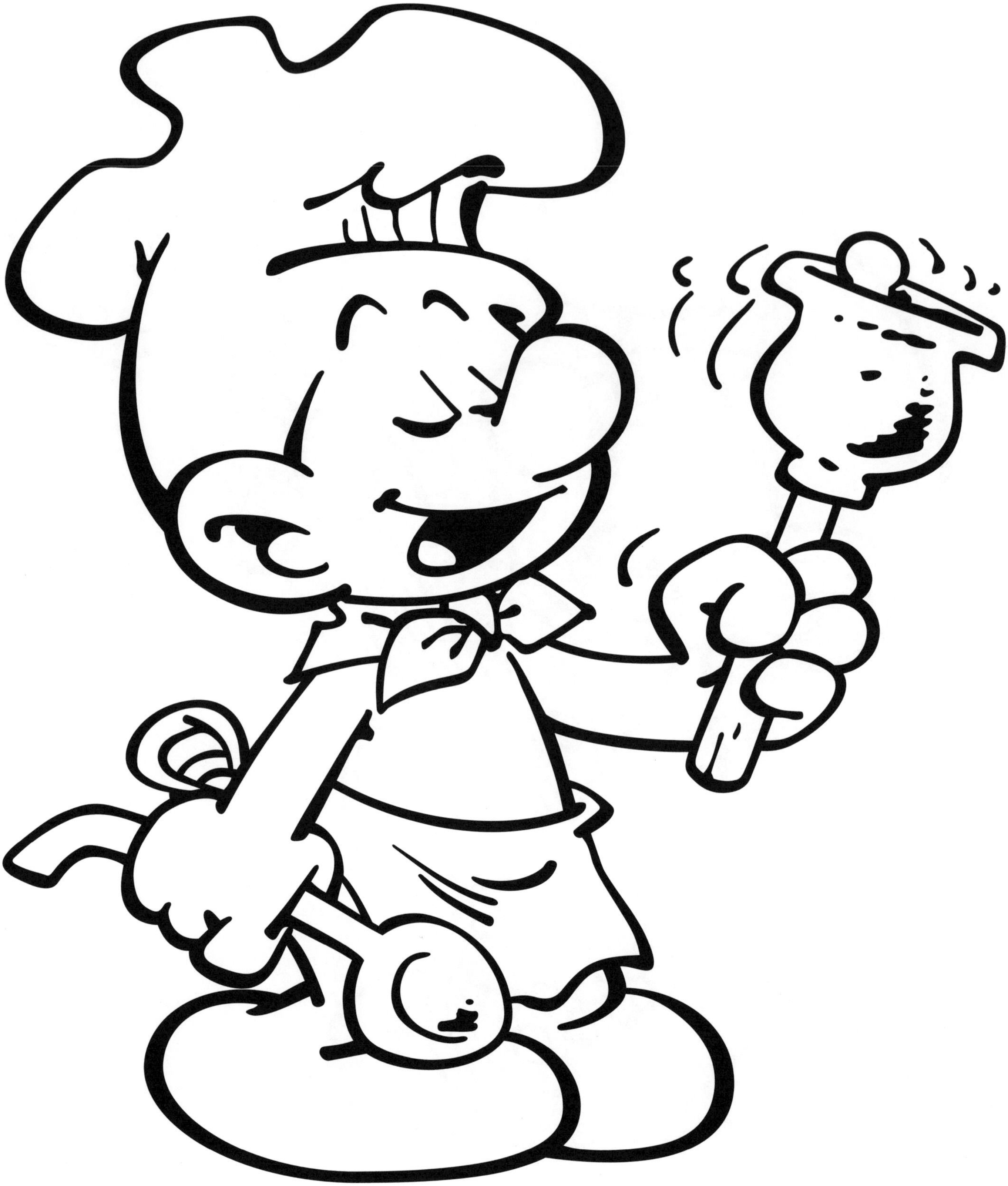

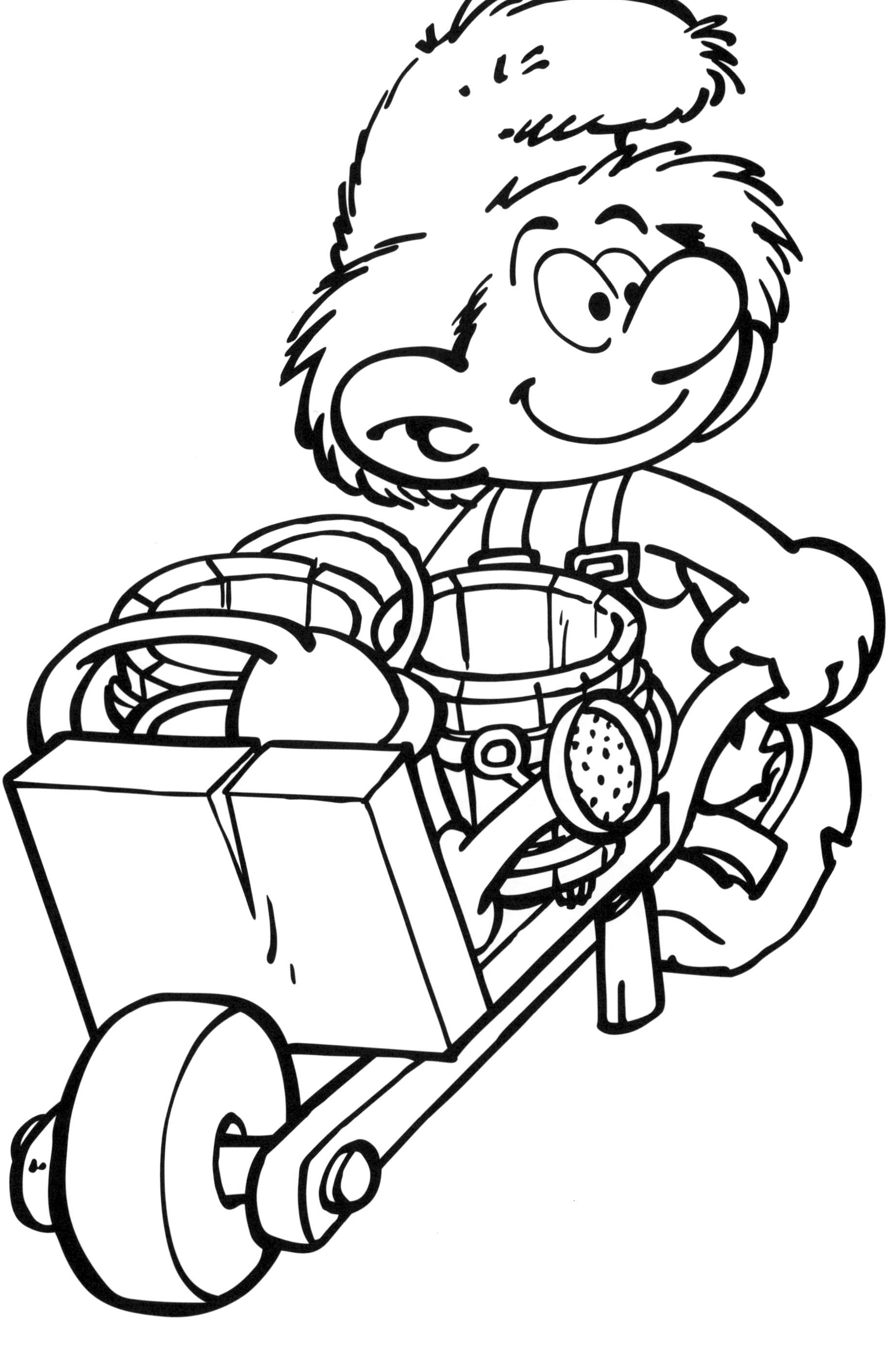

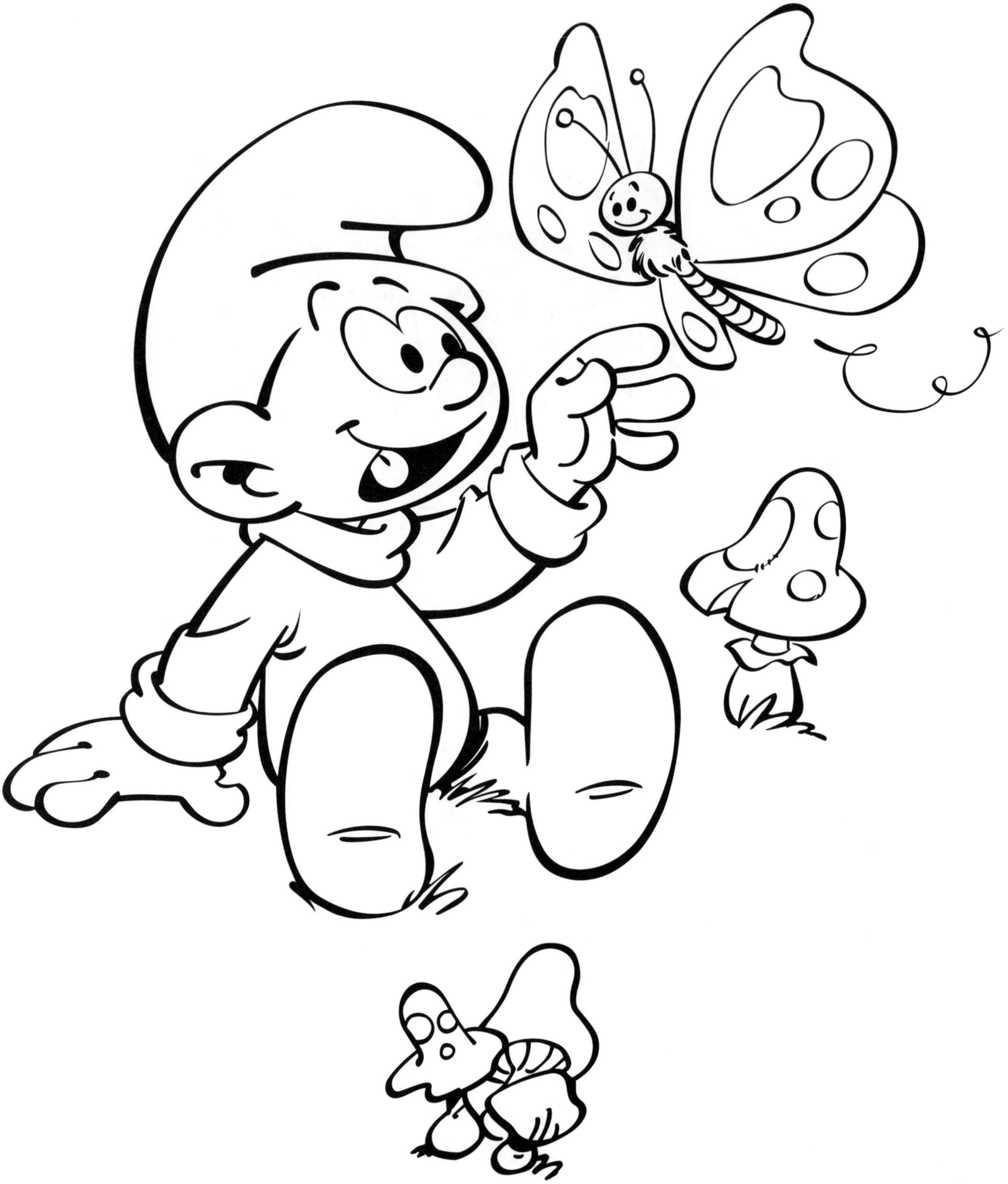

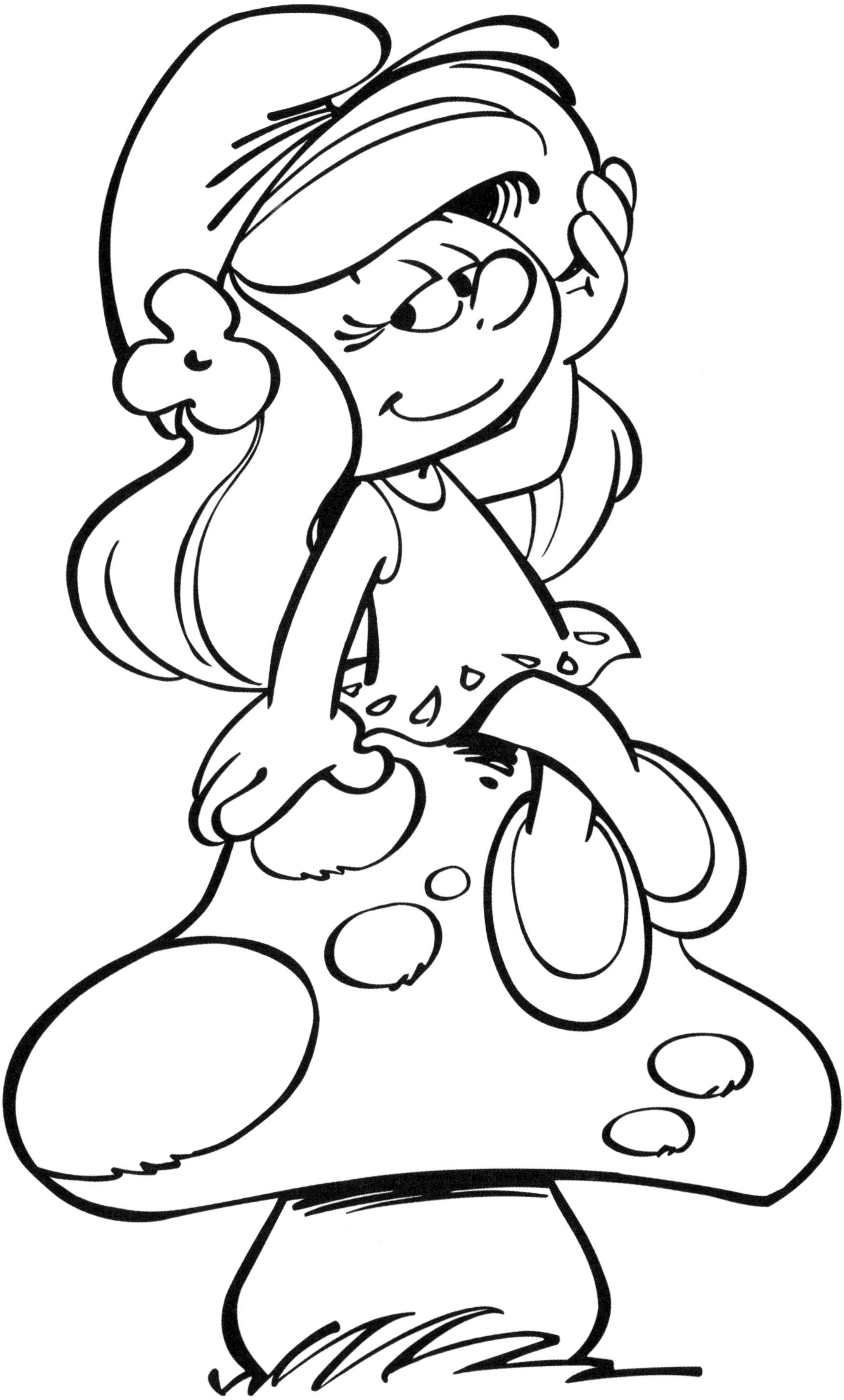

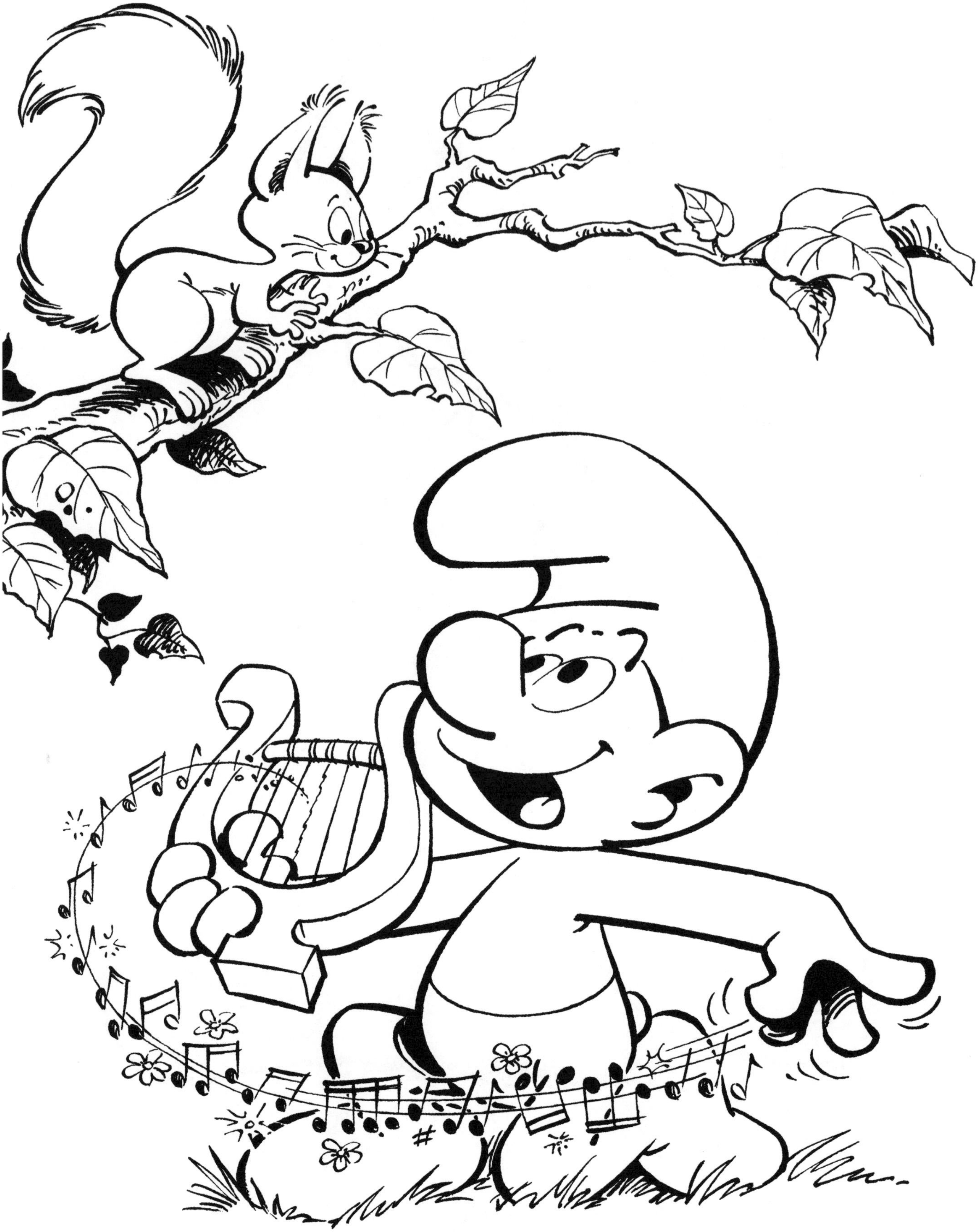

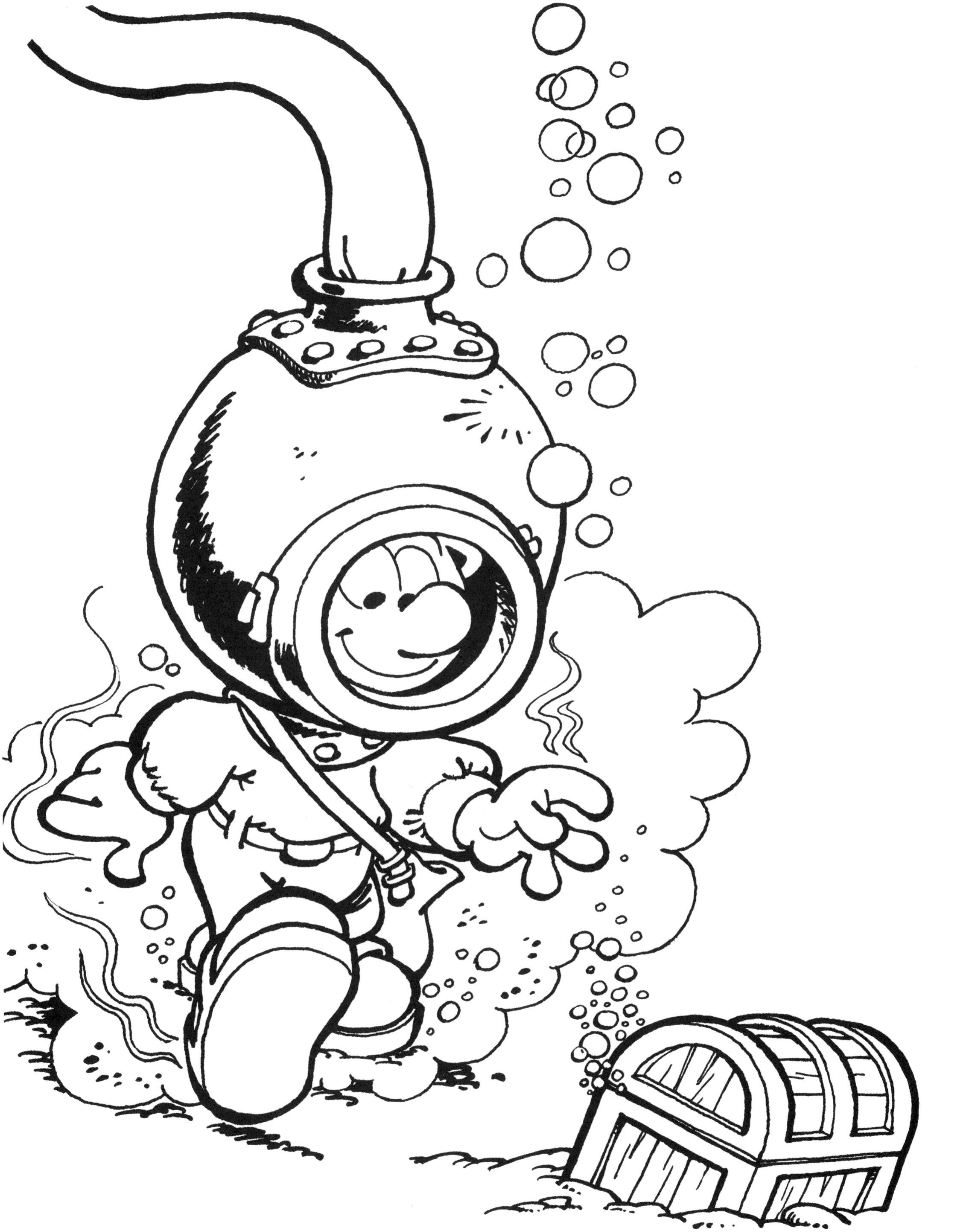

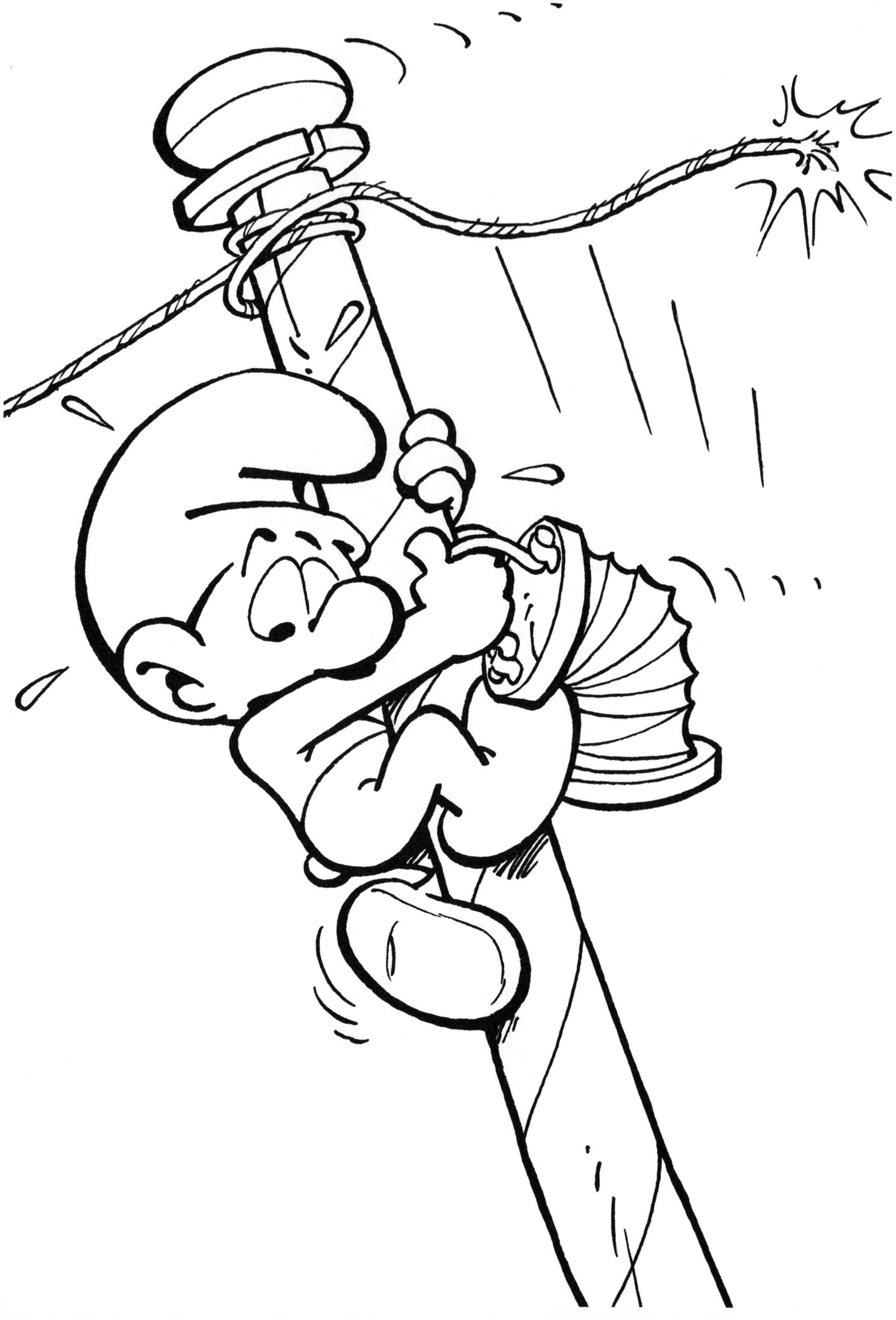

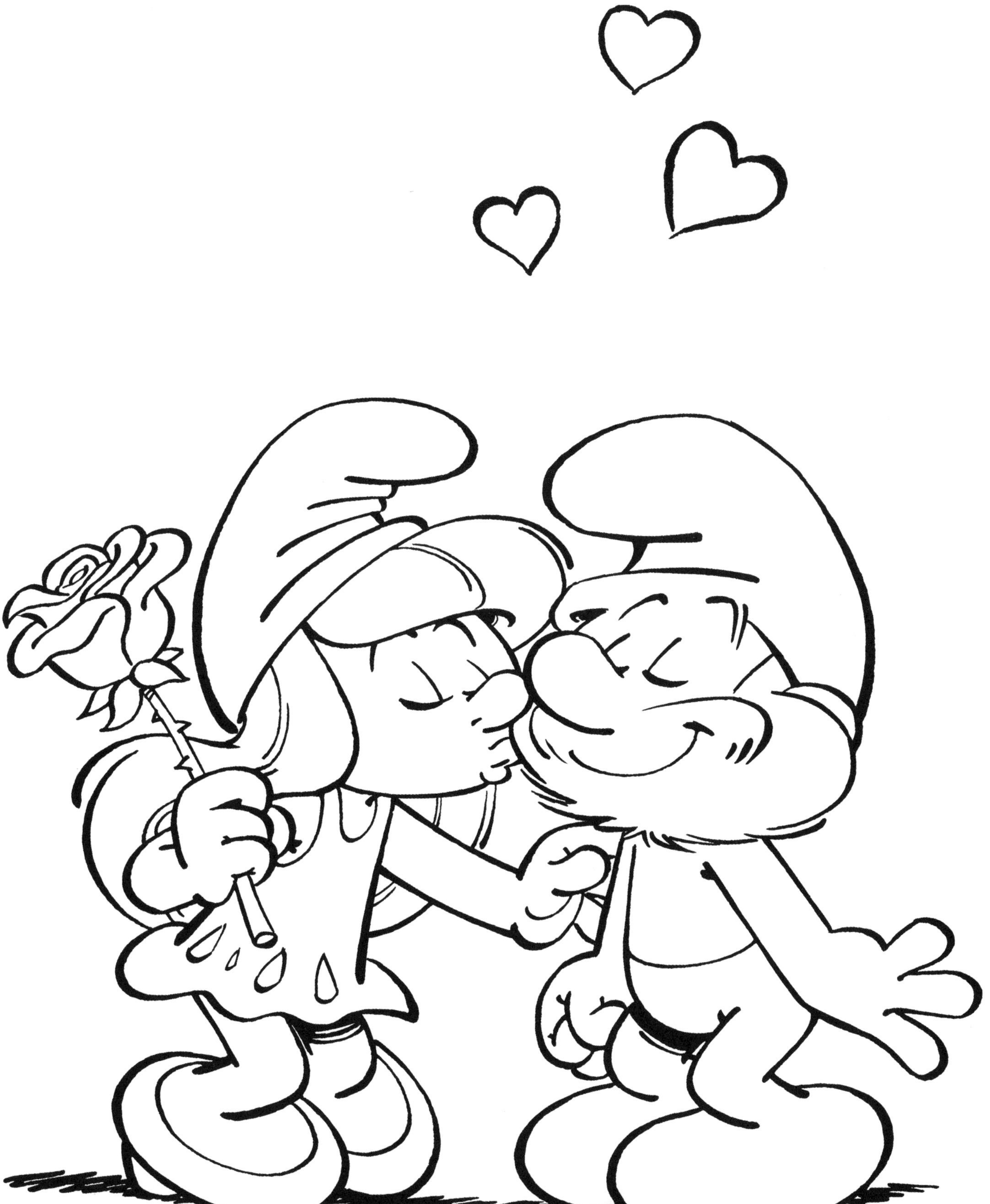

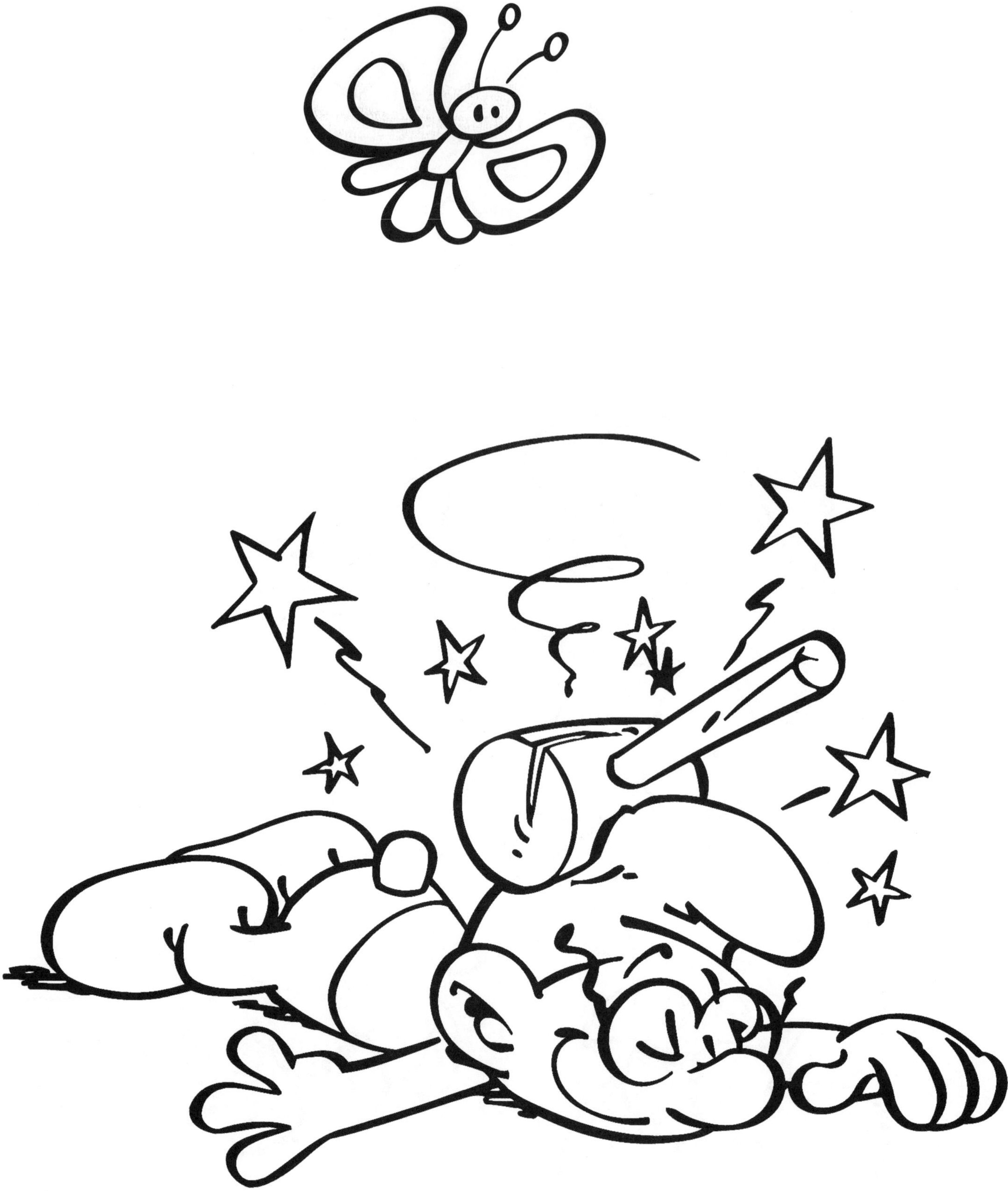

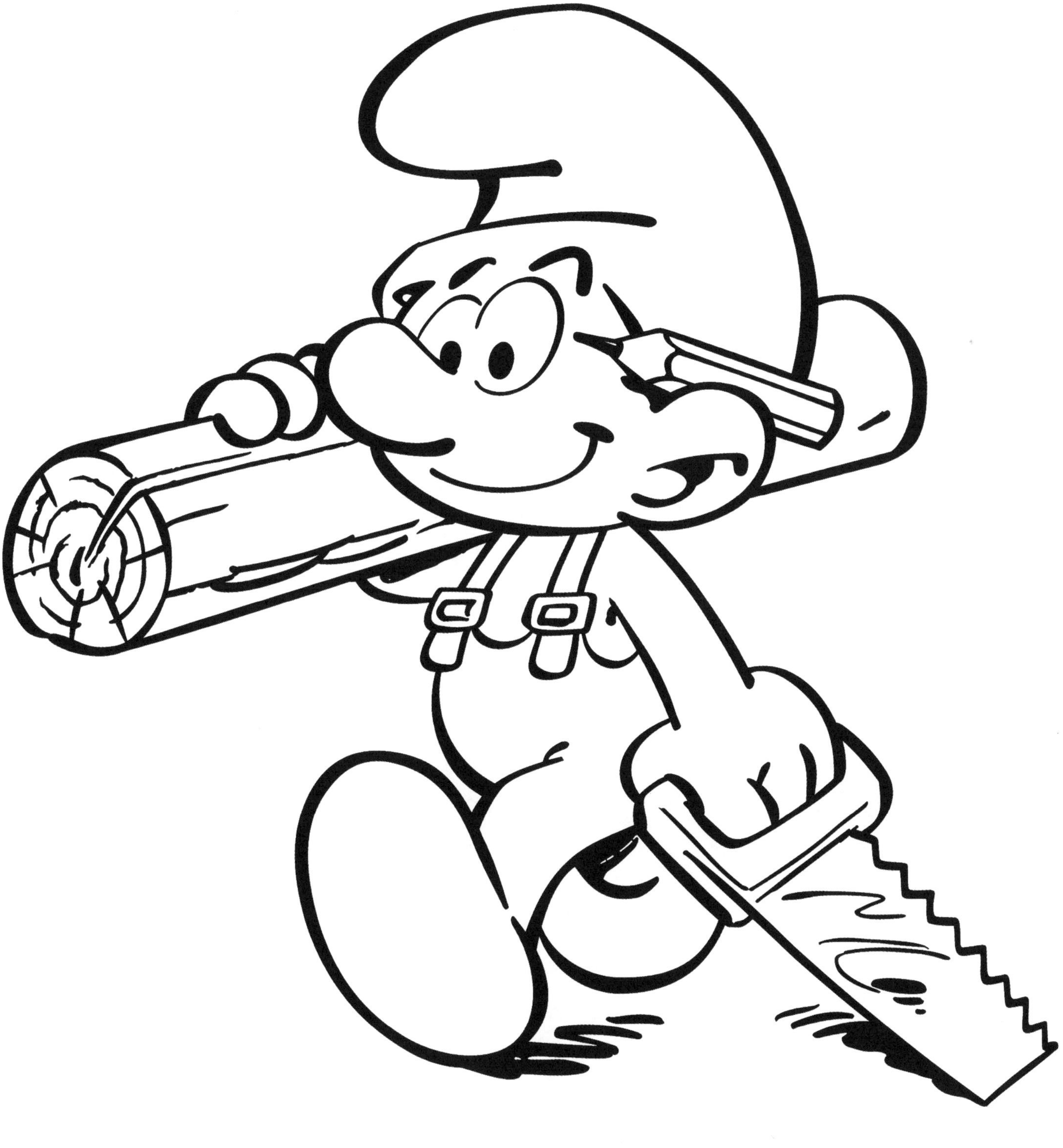

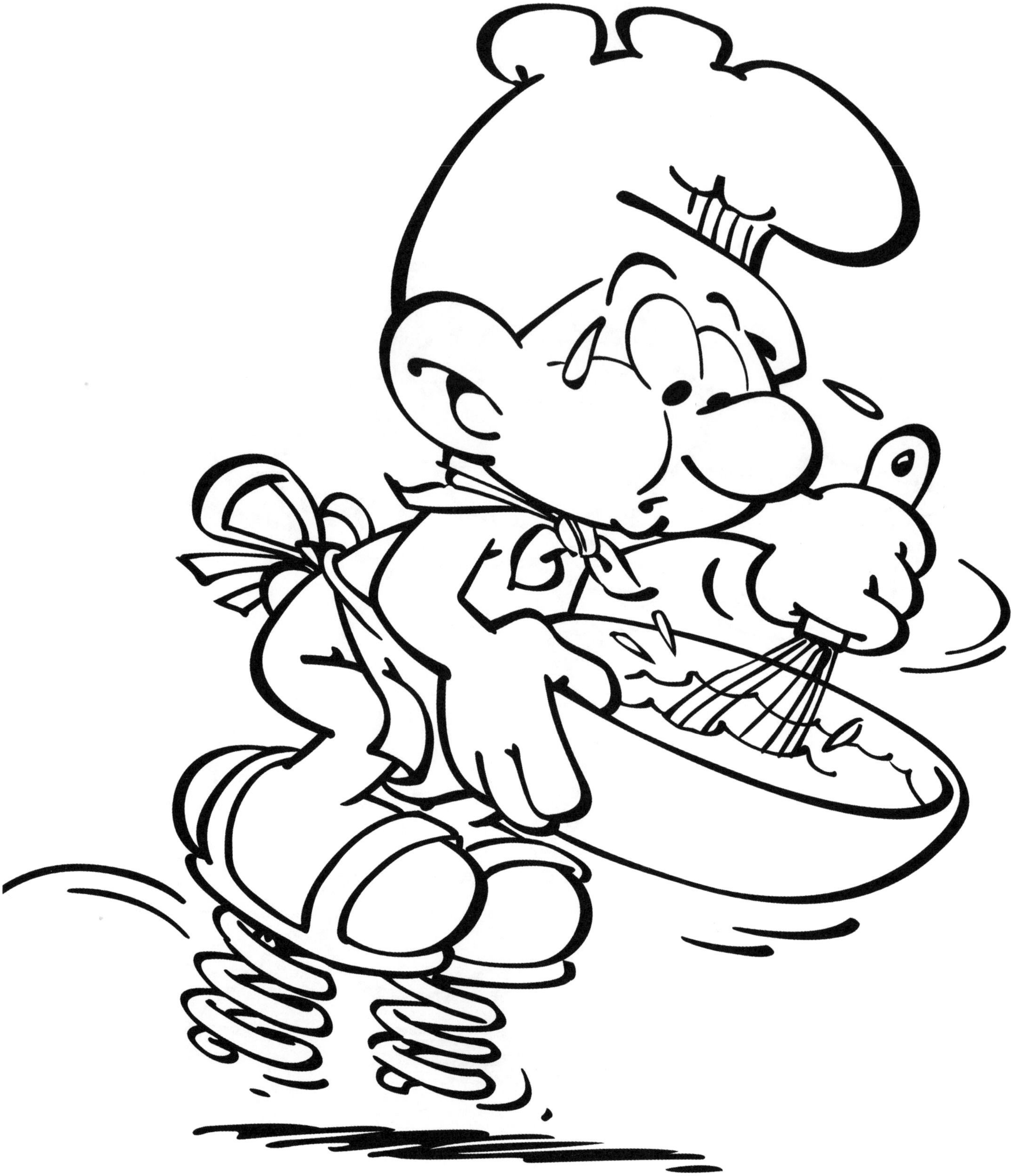

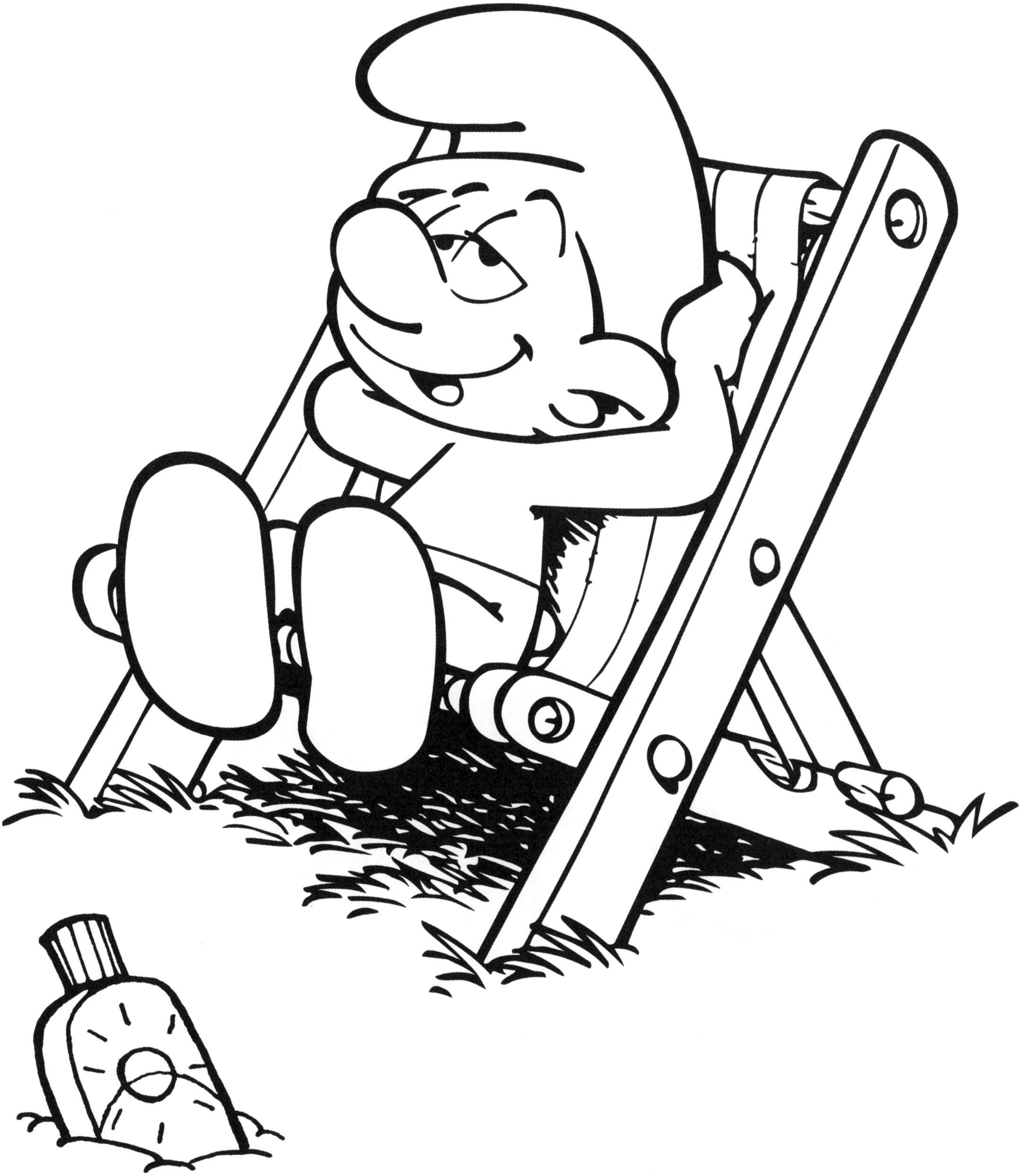

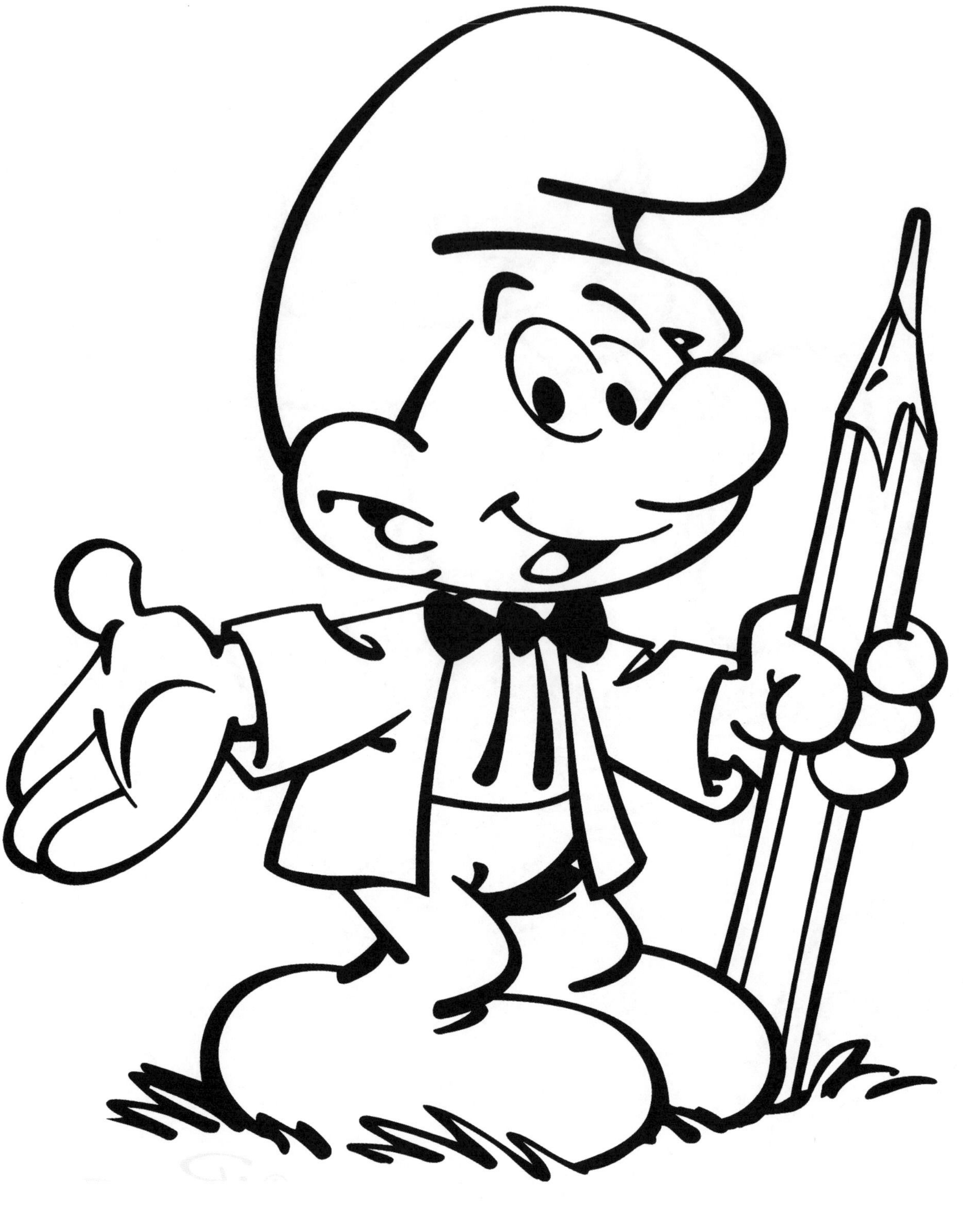

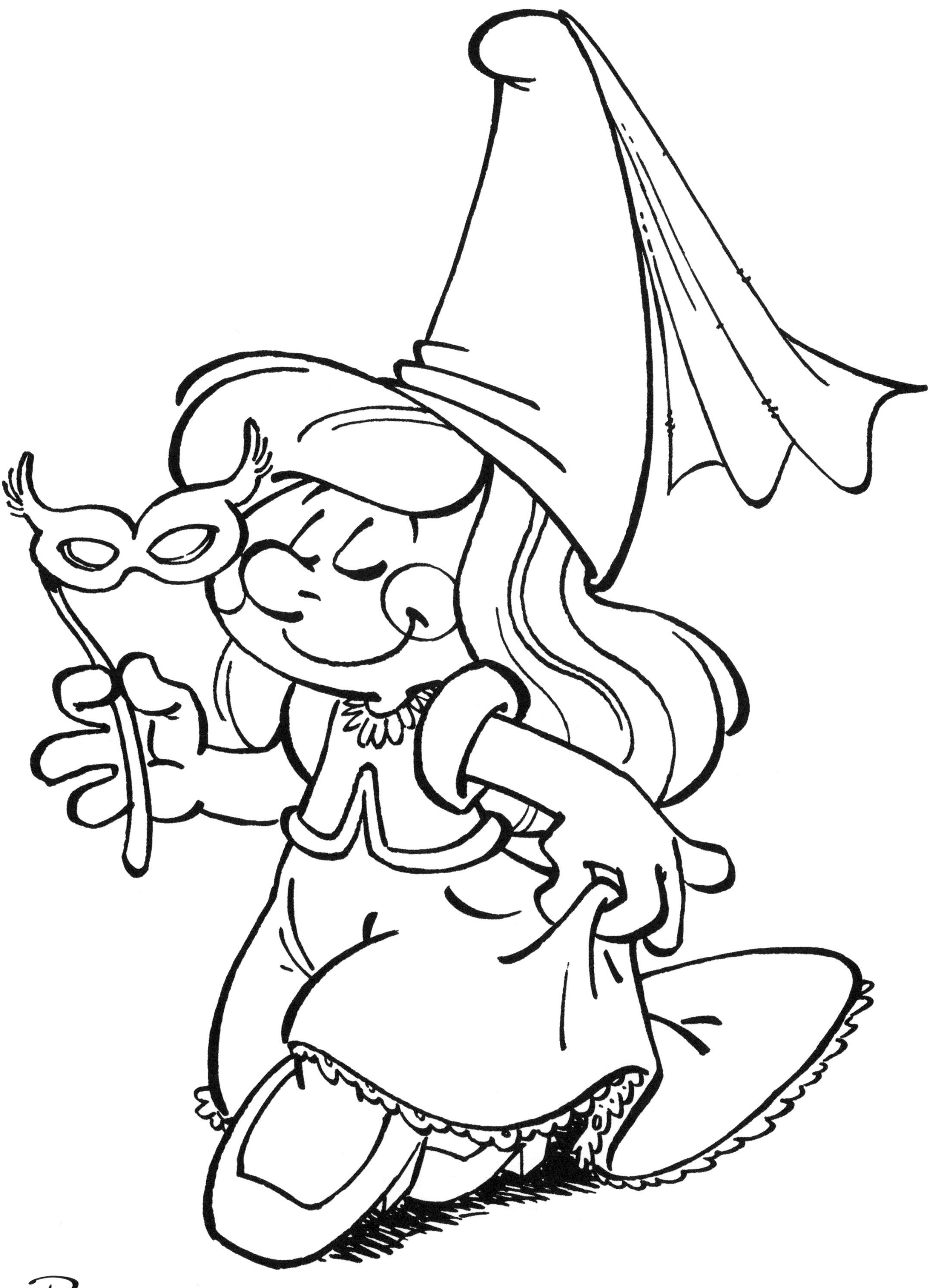

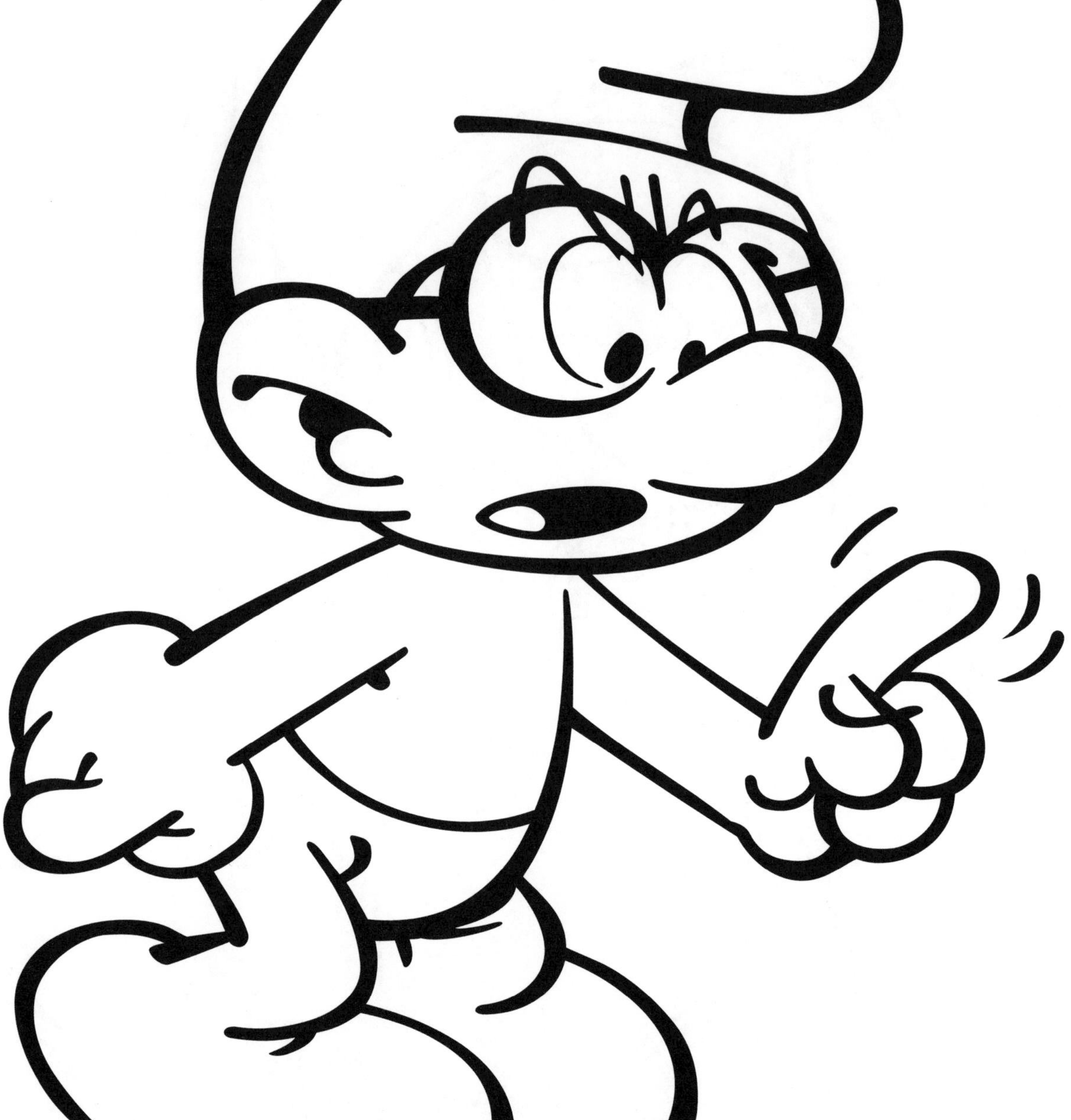

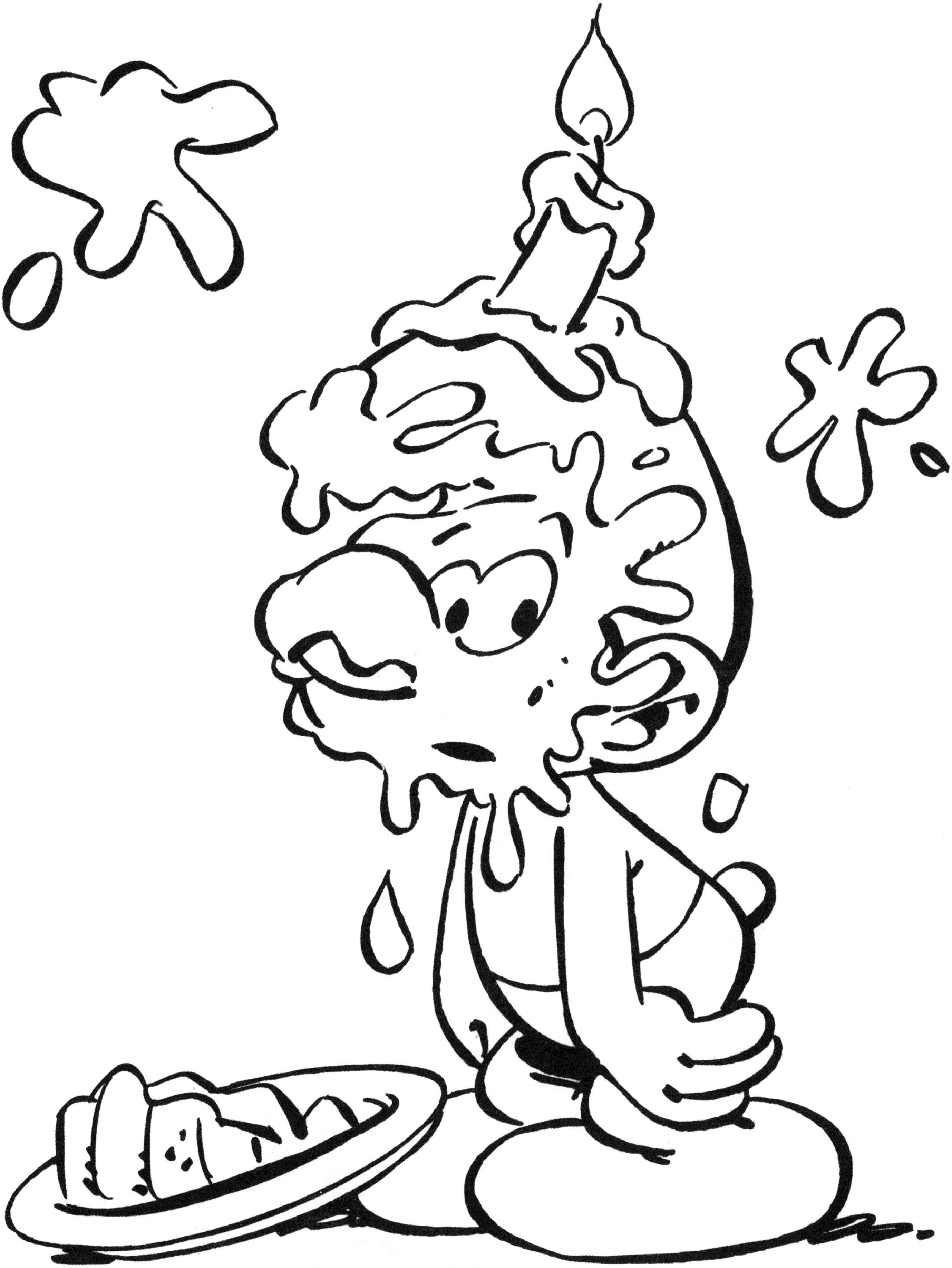

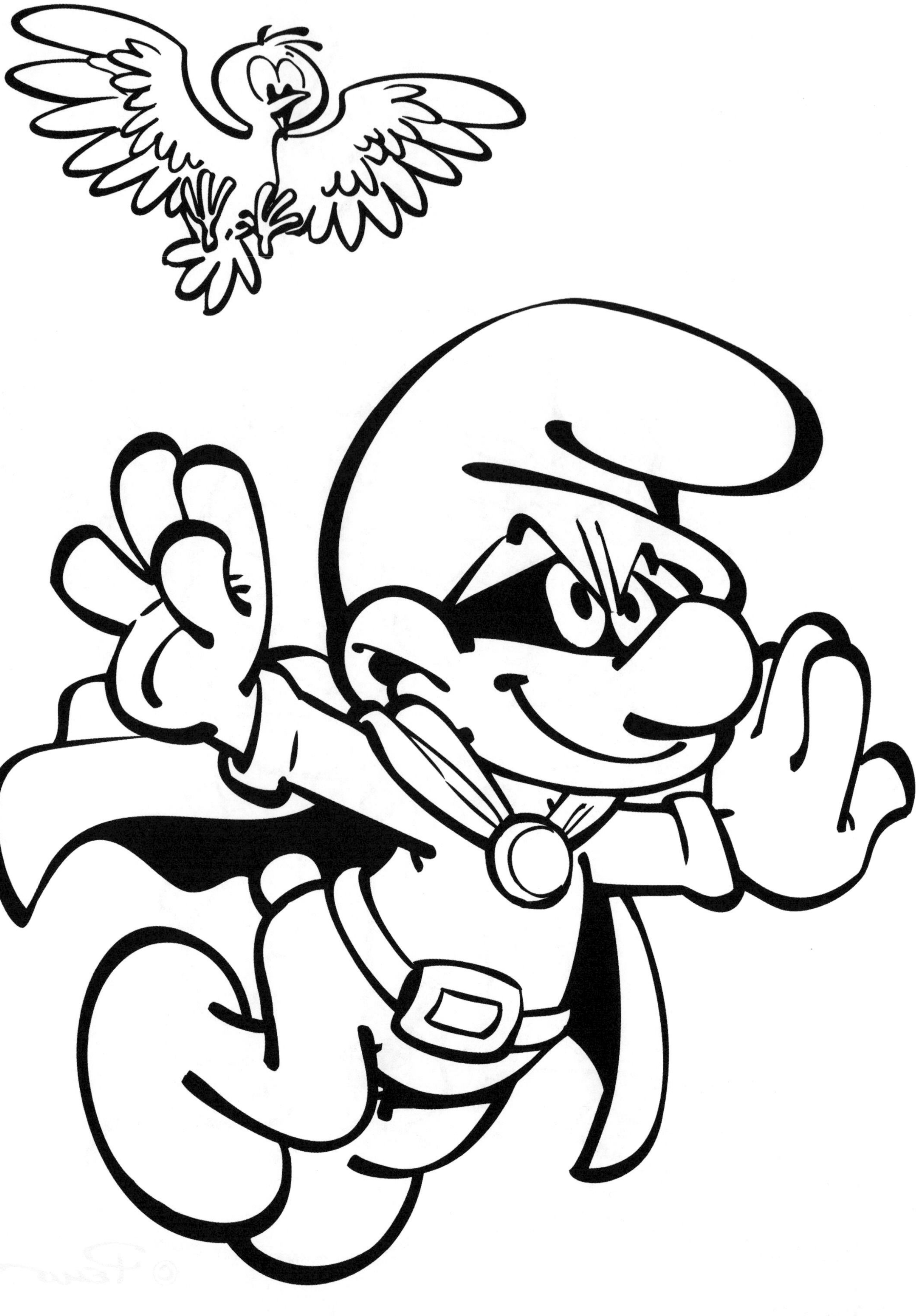

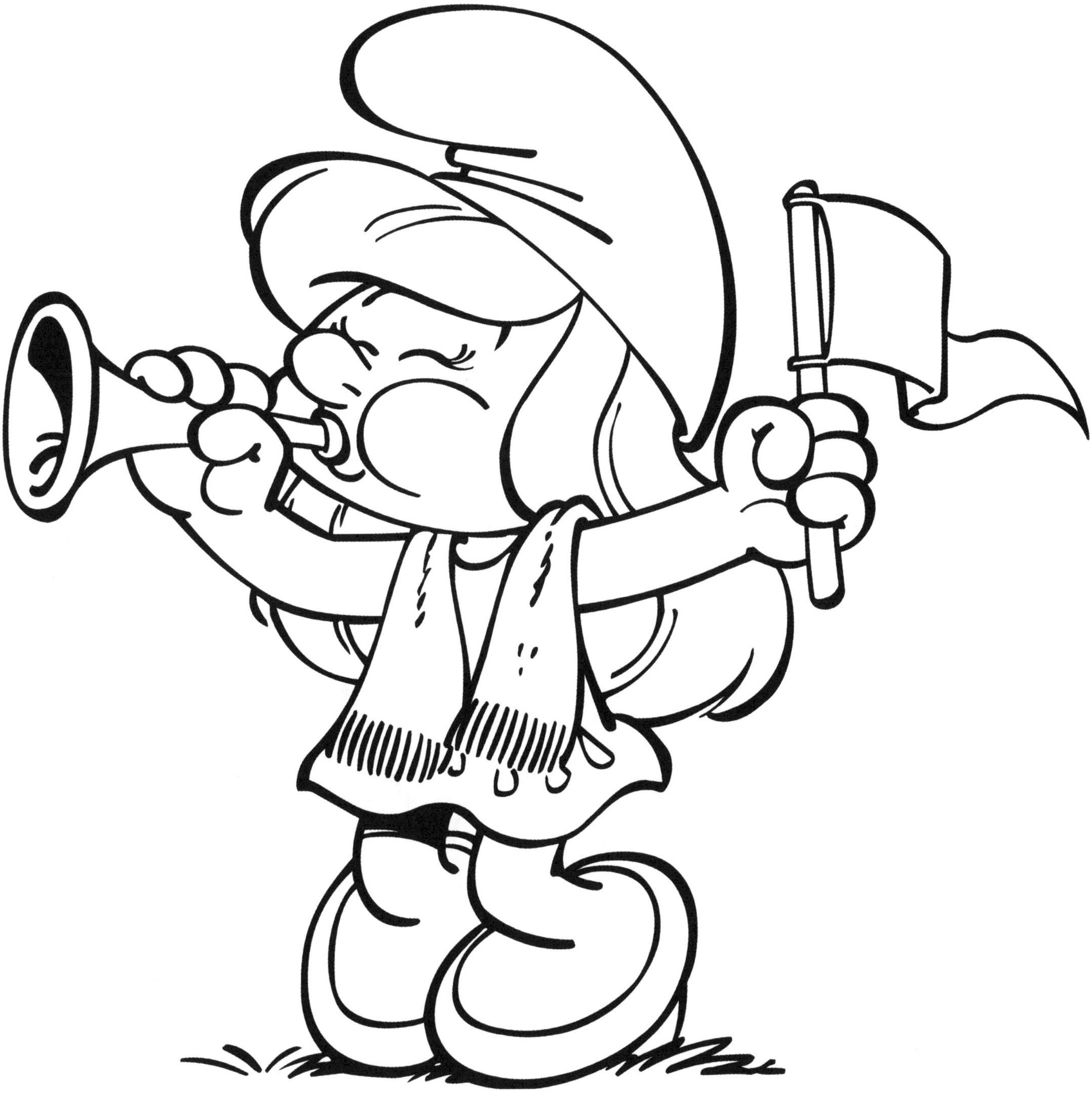

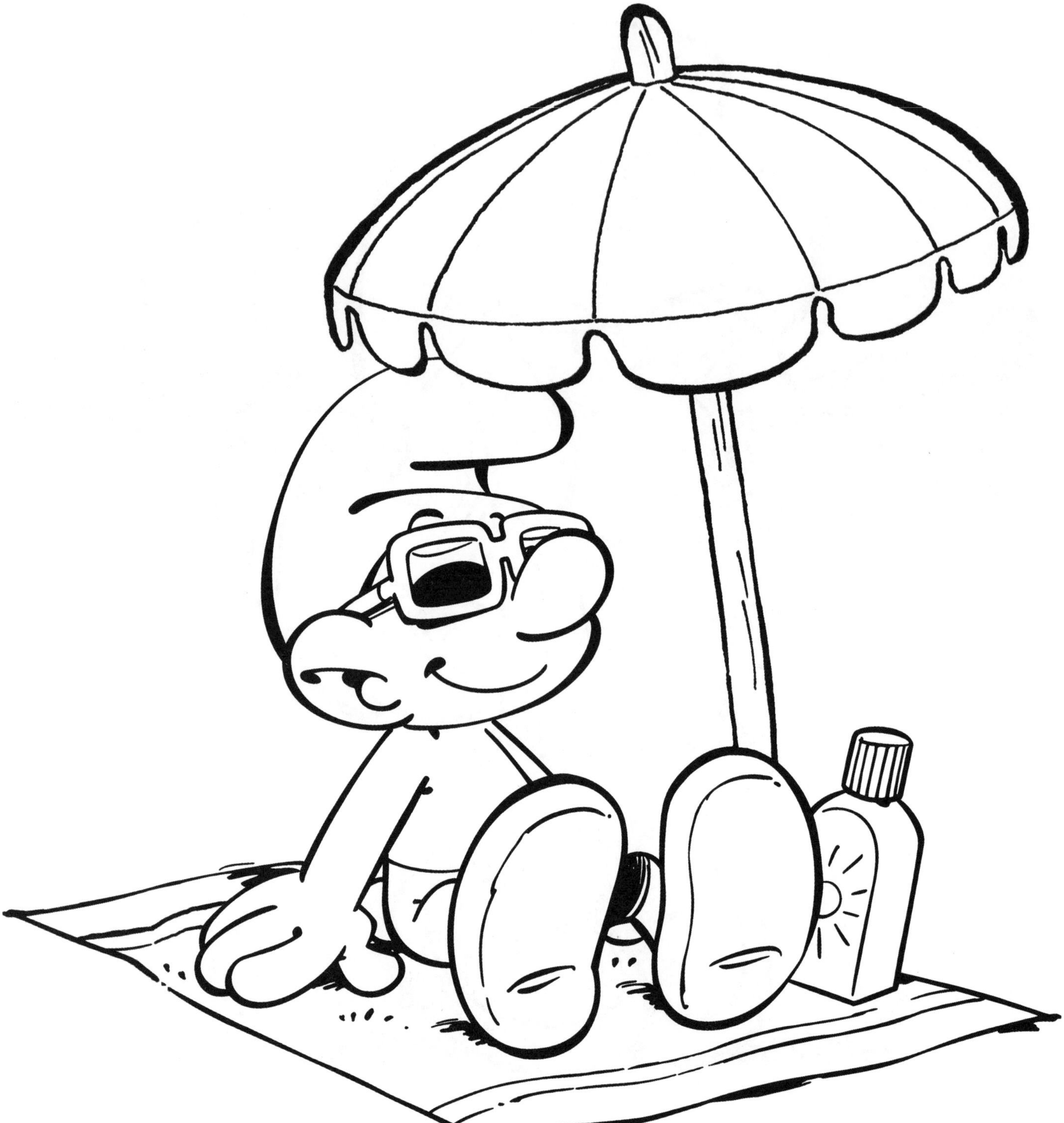

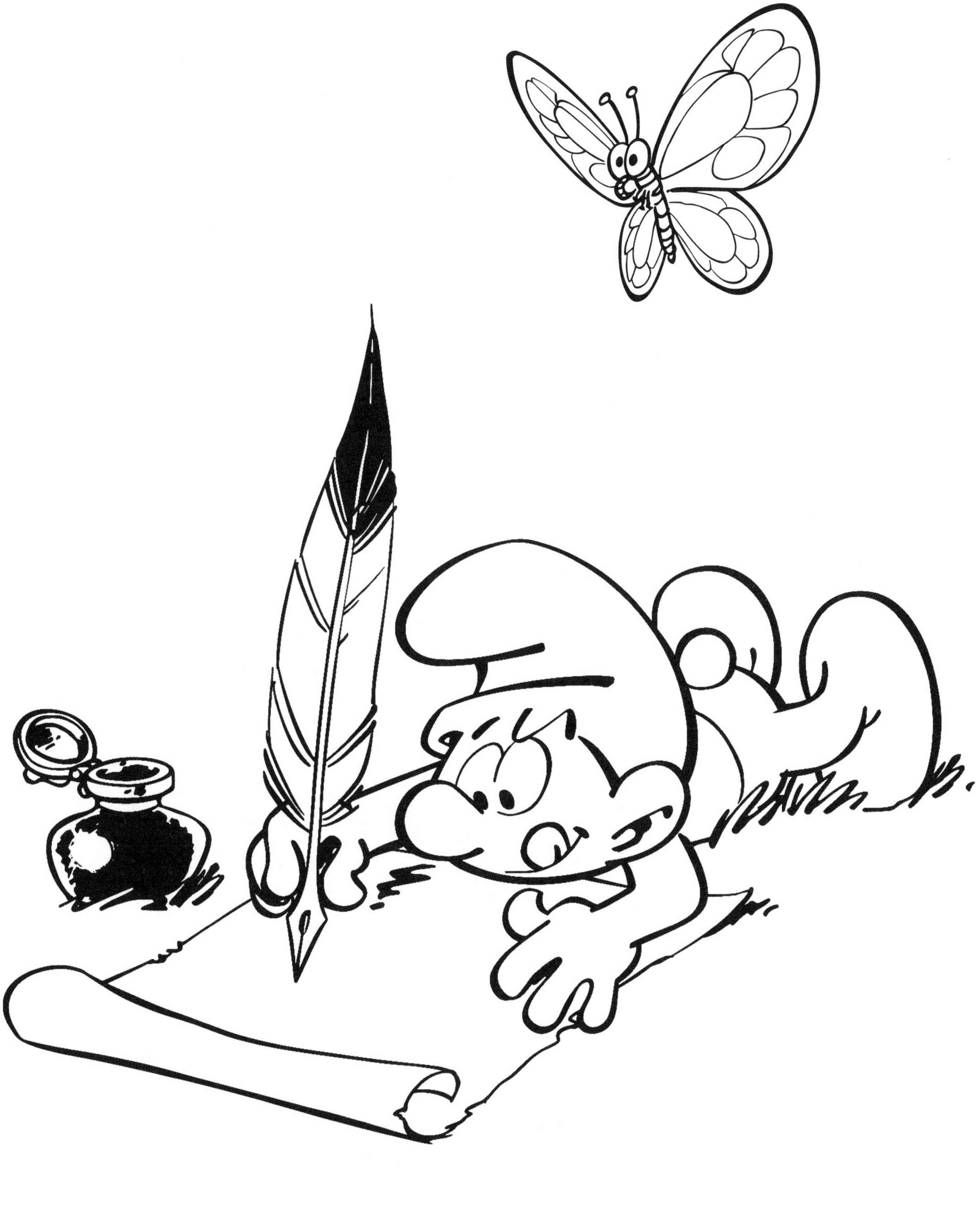

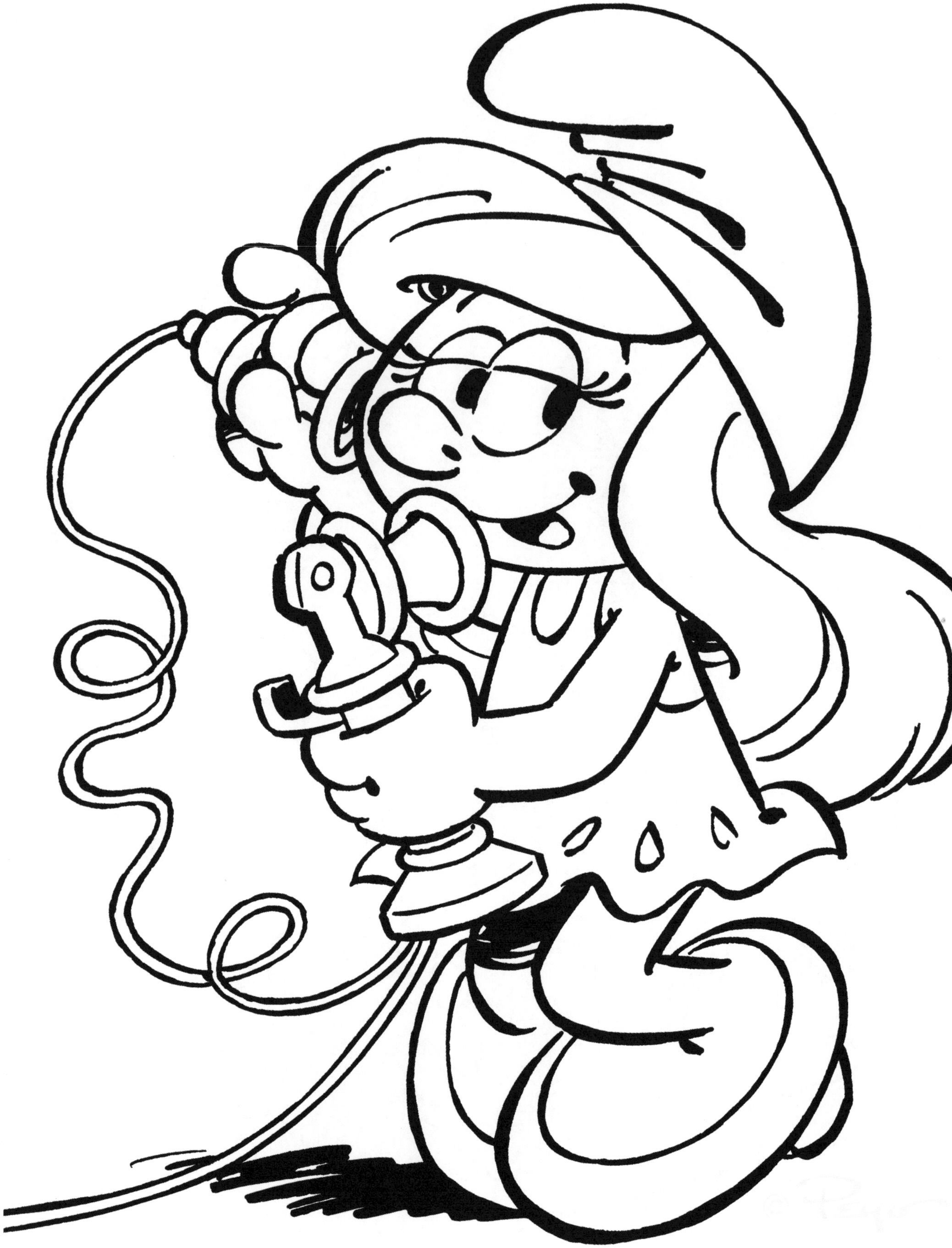

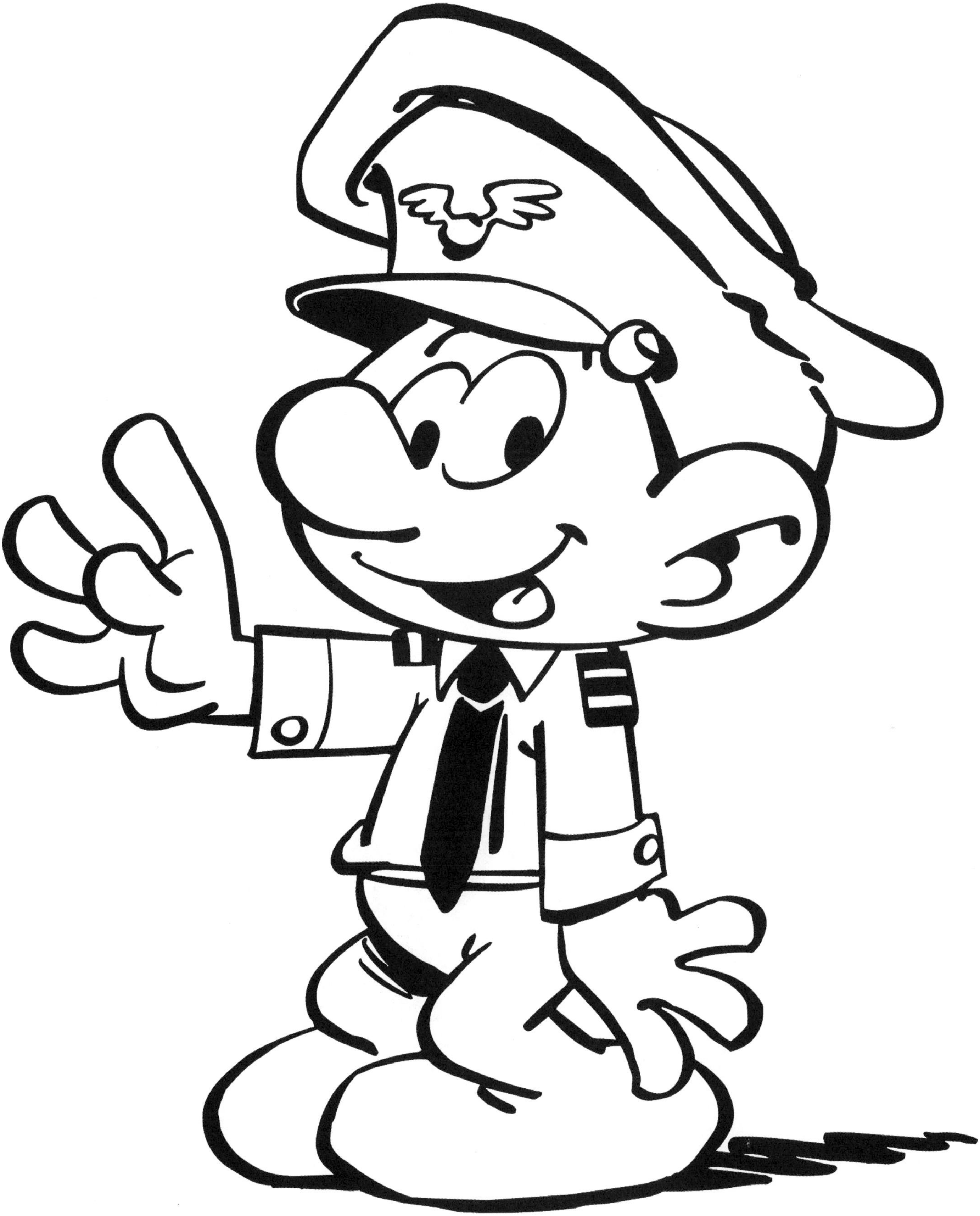

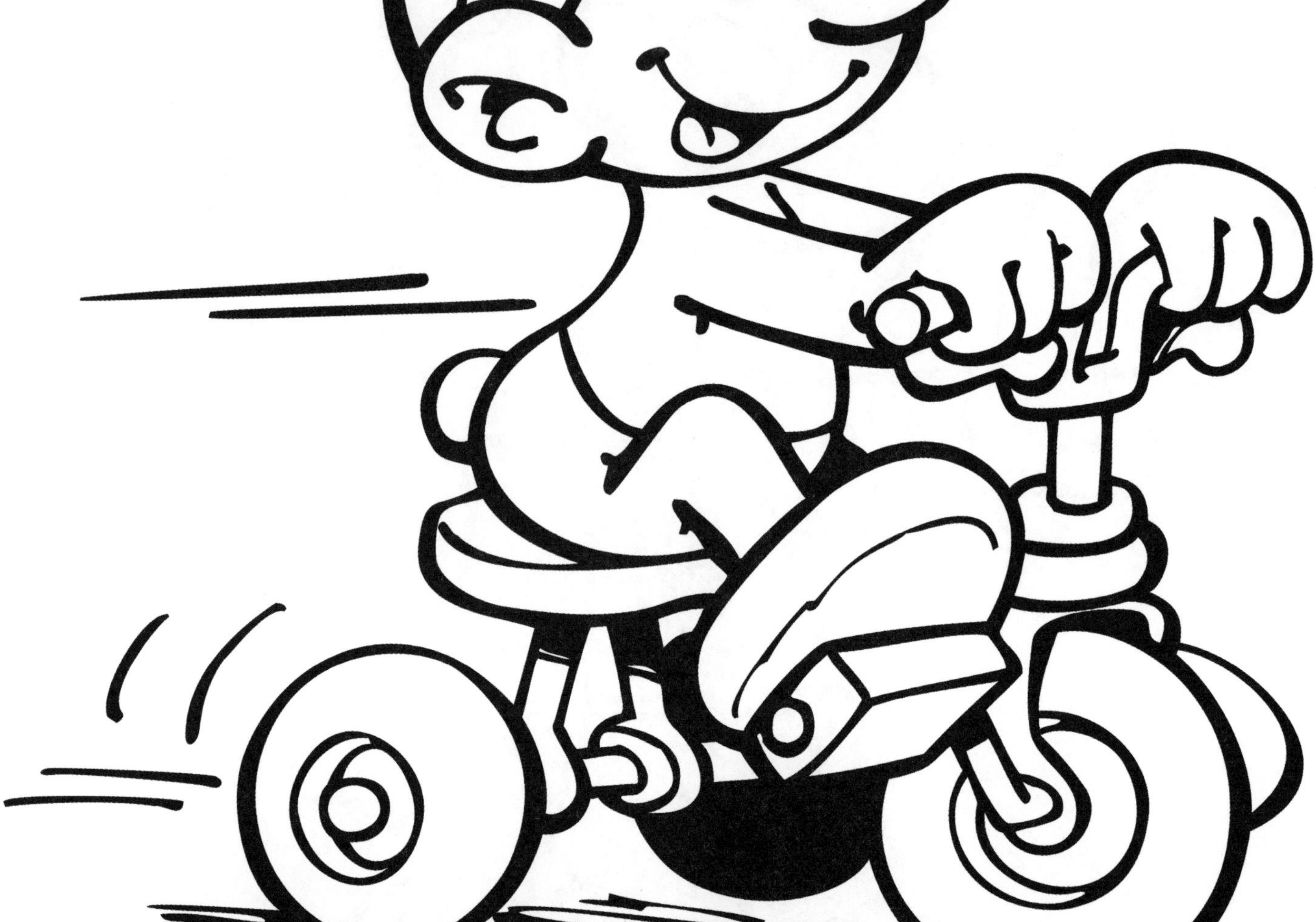

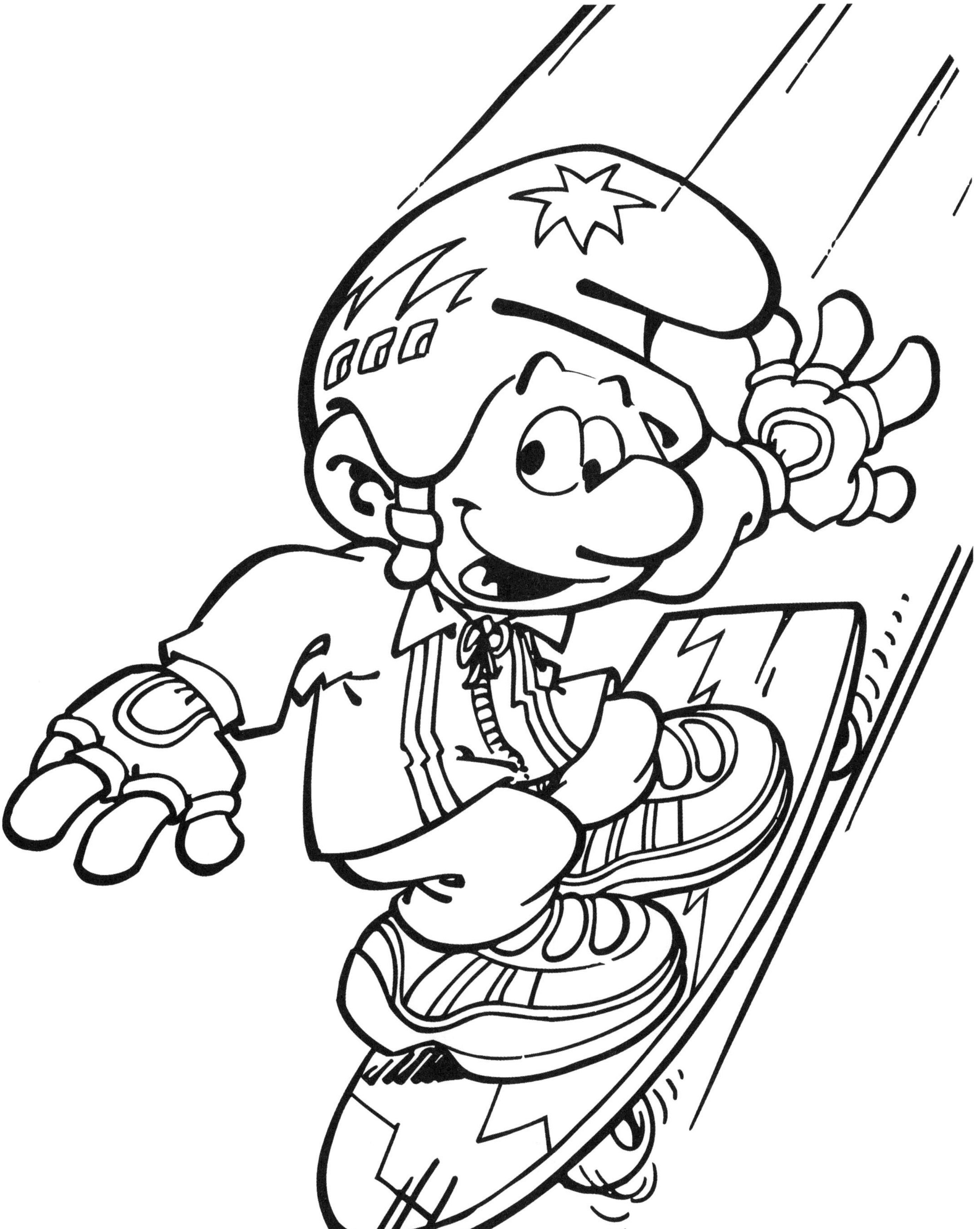

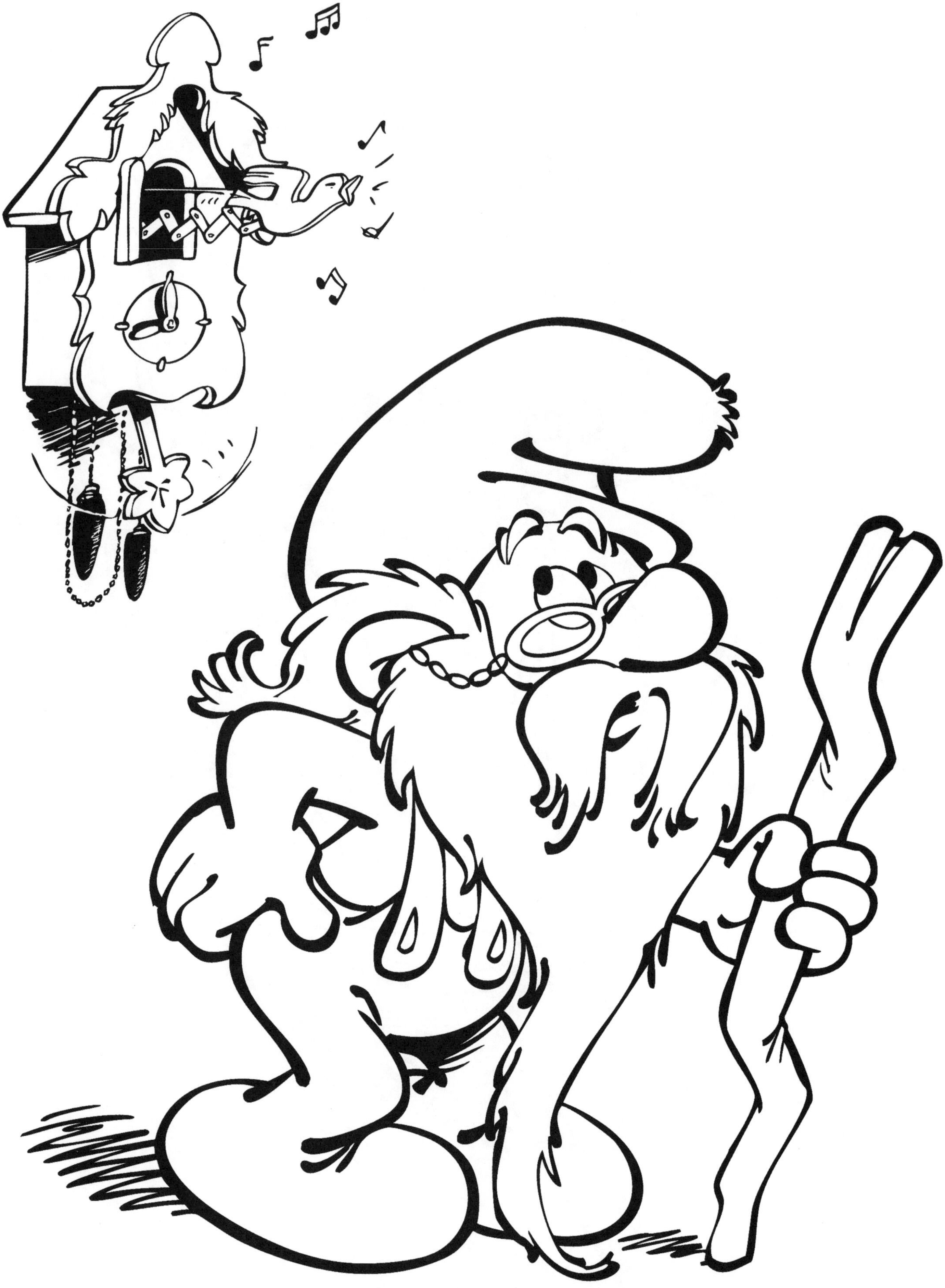

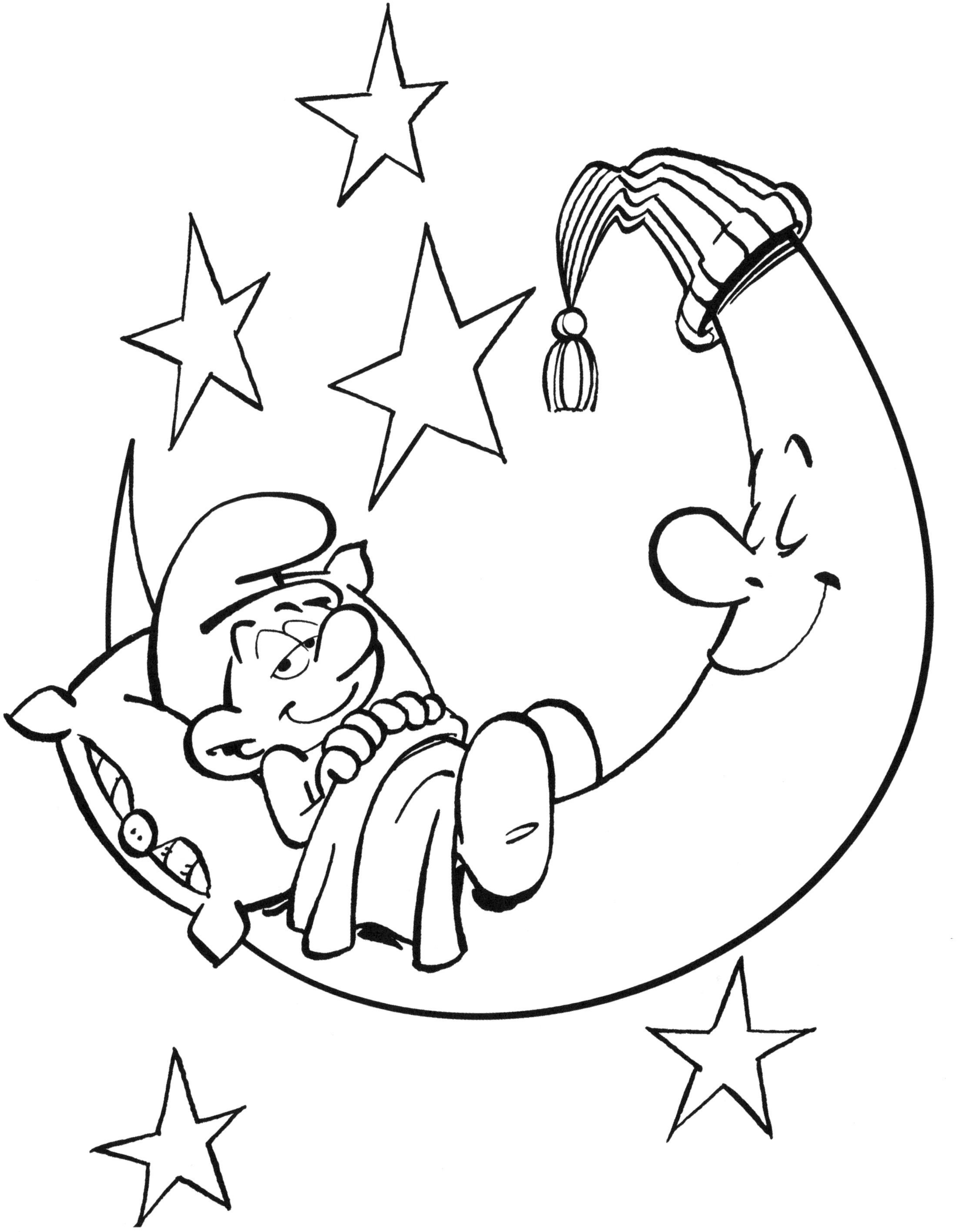

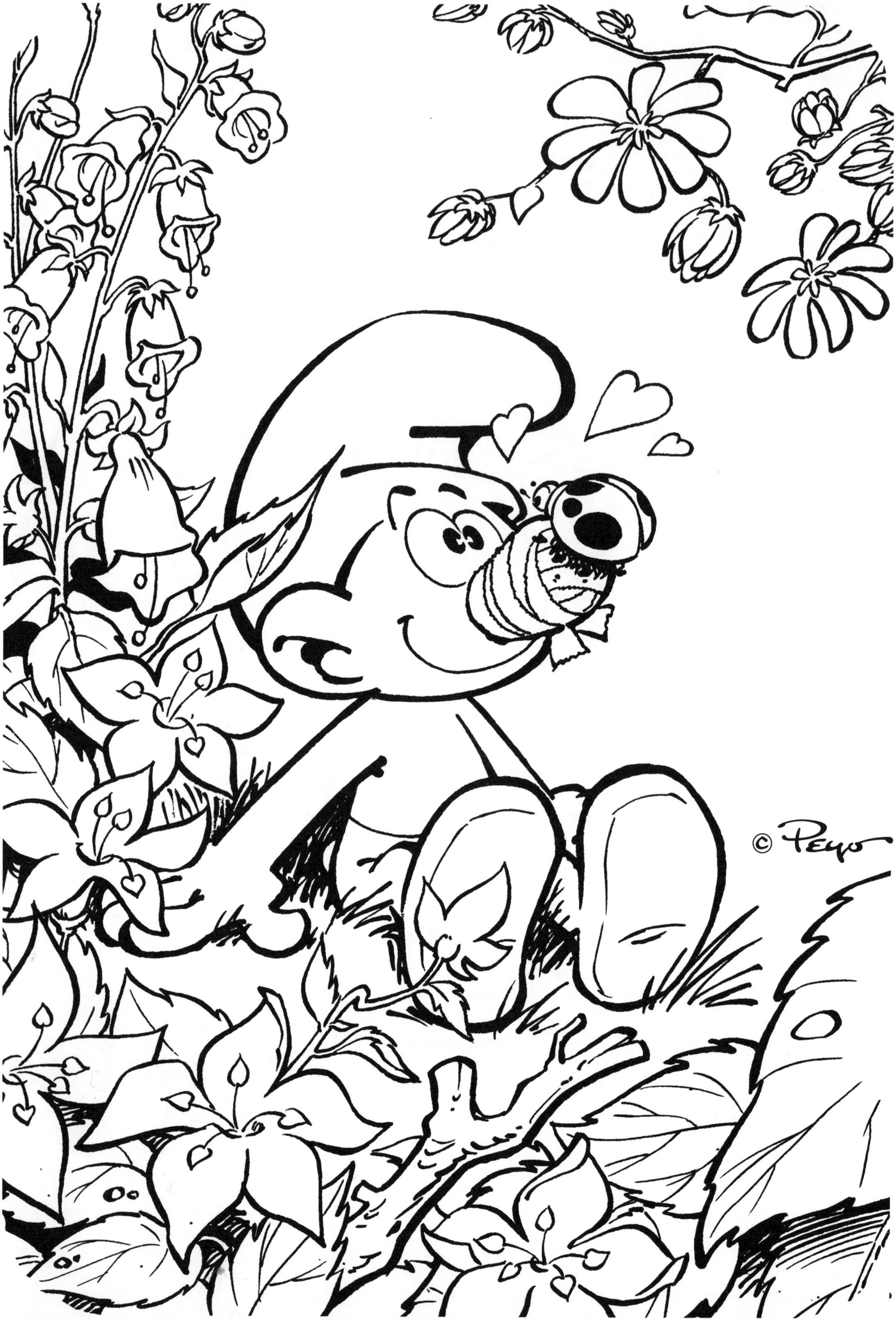
© Peyo